나는 너를 "야이"라고 부른다

박철순 지음

한 눈에 쉽게 알아보는 가족 관계도

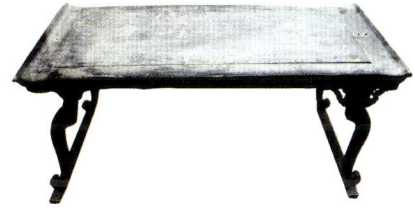

도서출판
한비CO

첫 마디

 풍속이란 참으로 묘한 것이어서 모여서 집단이 형성되면 생기게 마련이다. 호남, 영남, 관북, 관서, 서쪽, 동쪽, 서울 등 지방마다 풍속이 다르다. 이와 같이 지방별로 보면 풍속이 다르나 크게 우리나라의 풍속을 보면 거의 같으며 이것이 우리민족의 풍속이다.
 설, 단오, 추석 등 명절풍속, 풍물치고 춤추고 노래하는 풍속, 쌀로 밥 짓고 떡을 만들고, 죽으면 땅에 묻고, 글자는 한글을 쓰고, 말은 한국말을 하는 등, 이 모든 것이 우리의 풍속이다. 다른 나라도 그 나라 풍속이 따로 있다.
 풍속은 세월이 가면 조금씩 달라지지만 급격하게 달라지는 것은 아니다. 그 중 말에 대한 것을 살펴보면 변하는 것도 있고 잘 모르는 것도 있다. 그래서 필자가 '너'(특히 친인척간)를 부르는 말을 적어보기로 한다.
 지금은 자녀를 적게 낳는 경향이 있지만 이는 잘못 생각하는 것이다. 아들, 딸이 적기 때문에 친인척간 또는 남을 부르는 말은 더욱 중요하며 정확해야 한다.
 보잘 것 없는 책이지만 많이 참고해 주시길 바라며, 말은 지방마다 차이가 있기에 잘못됨이 있더라도 그러려니 하시고 널리 이해해 주시길 바랍니다.

2004년 봄
느리재(於項) 입시(入始) 동막골에서
마성면 노인회장 박철순 씀

박철순(朴哲淳)

<약력>
- .1928년 02월 16일 오천리 172번지 生
- .마성초등학교
- .대구농림학교
- .농산물(곡물)검사소 공무원
- .한국일보 지국
- .문경군 언론인협회 감사
- .마성농업협동조합 창립
- .마성농업협동조합 조합장
- .소야공업사, 마성농약사 창업
- .동막골 3만평 과수농장 경영(선도농업인)
- .대한노인회 마성면 노인회장

<저서> 마고성면지(麻姑城面紙)

차 례

첫마디 ··· 1
친인척 등에 대한 호칭 및 관계 ·································· 4
직계가계표 ··· 9
직계가계도 ··· 13
조부가계표 ··· 15
조부가계도 ··· 18
증조부가계표 ·· 19
증조부가계도 ·· 22
고조부가계표 ·· 23
고조부가계도 ·· 25
오대조부가계표 ··· 26
오대조부가계도 ··· 27
대(왕)고모가계도 ··· 29
처가계표 ·· 31
처가계도 ·· 34
시가계표 ·· 35
시가계도 ·· 37
친정가계표 ··· 38
친정가계도 ··· 40
처외가계표 ··· 41
외외가계표, 사가계표 ··· 42
처외가계도, 외외가계도, 사가계도 ···························· 43
외가계표 ·· 44
외가계도 ·· 49
진외가계표 ··· 51

차 례

중외가계표 · 52

고외가계표 · 53

진외가계도, 증외가계도, 고외가계도 · 54

육대조종합가계도(1) · 55

육대조종합가계도(2) · 57

親姻戚 등에 대한 呼稱 및 關係

　일가 친인척1)사이의 호칭과 관계는 중요한 것이다. 뭐라고 불러야 할지 잘 몰라 망설이거나 잘못 부르는 경우가 많고 어떤 관계인지 잘 모르는 경우도 많다. 부르는 말은 곳(지방)에 따라 다르긴 하나 거의 같다.

　구체적으로 보다 상세한 것을 아래에 기술해 본다.

　1800년대 이전의 이 지역의 말은 祖父母(조부모)를 할배, 할매, 父母(부모)를 아배, 어매, 叔父母(숙부모)를 아재배, 아재매, 오빠를 오라배, 누나를 누님이라 불렀으며, 여인이 시집을 가면 할뱀, 할맴, 아뱀, 어맴, 아재뱀, 아재맴으로 불렀는데 지금은 아재배는 아재로, 아재매는 아지매로 변했다. 또 조부를 할버지, 할부지, 부를 아부지라 부르는 사람도 있다. 현재는 할아버지, 할머니, 아버지, 어머니, 아저씨, 아주머니, 오빠, 누님을 표준말로 정하여 사용하고 있다.

　호칭에 있어서 같은 혈족에는 '님'을 쓰지 않는 것이 보편적이다. 예를 들면 아들이 아버님, 어머님, 할아버님, 할머님, 아저씨님, 아주머님이라고는 부르지 않고, 아버지, 어머니, 할아버지, 할머니, 아저씨, 아주머니라 부른다. 다만 형은 형님, 누나는 누님이라 부르고, 조카는 나이가 많을 경우 조카님이라 부르기도 한다. 며느리는 아버님, 어머님, 할아버님, 할머님, 아주버님이라 부른다. 叔(숙, 아재)은 한 항렬 높은 분의 호칭이며 여인은 남편의 형제(같은 항렬)에 쓴다. 嫂(수, 아지매)는 형제의 처에 대한 호칭으로 반드시 '새'자를 붙여 부른다. 즉 새아지매이다.

　먼 촌간(遠寸間)의 호칭을 살펴보면 족조(族祖)는 대부(大父), 족숙(族叔)은 아저씨, 족질(族姪)은 조카 또는 족질, 족손(族孫)은 손

---

1) 일가(一家) : 11촌까지를 말함, 친척(親戚) : 친족(親族)과 외척(外戚), 성이 다른 가까운 척분(고종, 외종, 이종), 인척(姻戚) : 혼인(결혼)에 의하여 생긴 친족, 혈족의 배우자의 혈족

손 또는 이름씨, ○○어른, 족형(族兄)은 형님이라 부르며, 족조의 경우 나이가 나와 비슷하거나 적을 경우에는 항렬을 낮추어서 아저씨라 하고 형, 아우, 족하, 손자라고는 하지 않는다. 여인의 경우도 또한 같다.

아버지의 형제 중 맏형은 큰아버지라 부르고 둘째 형은 작은아버지라 부르며 그다음부터는 셋째·넷째·다섯째 아버지 등으로 부르며, 자기 아버지는 차례를 말하지 않고 아버지라 부른다. 집의 호칭도 마찬가지다. 즉, 큰아버지 집은 큰집, 나머지는 모두 작은집인데 둘째아버지 집을 작은집이라 하고 그다음부터는 셋째·넷째·다섯째 작은집 등으로 부른다. 고모, 이모의 경우도 또한 같다. 백부(伯父)는 큰아버지, 중부(仲父)는 작은아버지, 숙부(叔父)는 아버지의 동생, 계부(季父)는 막내 아버지, 의부(義父)는 의붓아버지(어머니가 재혼한 사람)라고 말 한다.

계모(繼母)는 아버지의 후처, 어머니가 사망 또는 행방불명되었거나 기타 부득이한 일로 아버지가 재혼한 사람을, 서모(庶母)는 아버지의 첩, 의모(義母)는 의붓어머니(아버지의 후실)를 말한다.

의자(義子) 또는 가봉자(加捧子)는 개가해 온 여인의 전남편 아들딸을 말하고, 질부는 조카며느리, 질서는 조카사위, 손부는 손자며느리, 손서는 손자사위, 손녀는 손자딸이라고 부르기도 한다.

매형은 누나의 남편(지금은 姉兄(자형)이라 많이 부른다.)

부가 아들을 부를 때 어릴 때는 이름을, 성인(어른)이 되고 아이가 생기면 '애비'라 부르고 며느리를 보면 '새아'라 부르며 아이를 낳으면 '애미'라 부른다. 이와 같이 모든 혈족 또는 친, 인척간에는 호칭이 있는데 잘 몰라서 어떻게 불러야 할지 망설여지는 경우가 많다.

장인, 장모를 아버지(아버님), 어머니(어머님)라 부르는 것은 잘못된 것으로 장인어른, 장모님이라 불러야 하고, 동서끼리 형님, 아우라 부르는 것도 잘못된 것으로 동서로 불러야 하며, 맏(손위) 처남을 형님이라 부르는 것 또한 잘못으로 처남이라 불러야 한다.

며느리는 시가에서 본인이상 항열은 媤(시)를 붙이고 본인 아래 항열은 媤(시)를 붙이지 않는다. 손위 동서는 나이가 적어도 형님, 손아래 동서는 나이가 많아도 새댁 또는 동서라 부른다.

같은 마을이나 이웃마을에서 젊은이가 어른한테 택호를 붙여 택호어른(남녀 구별 없음), 비슷한 또래보다 연상은 서로가 (姓)형, 같은 또래는 택호 또는 이름을 부르며, 아이들은 이름(남녀 구별 없음)을, 미성 여인에게는 처자(아가씨)라 부른다. 여인들이 말할 때는 택호어른, 택호 댁, 새 양반, 새댁, 도령, 총각, 처자 등으로 부른다. 그 외에도 일반사회(객지)에서는 노인은 할아버지 또는 영감님, 어른은 어른, 어르신 또는 아저씨, 늙은이가 젊은이에게는 젊은이라 부르며, 기타 노형, (姓)형, 김 주사, 김 선생, 총각, 할머니, 아주머니, 새댁, 이 여사, 아가씨, 오빠, 언니, 누나, 아가 등 일상생활에서 대하는 사람에 따라서 호칭이 있다.

조부모, 부모한테 처를 말할 때 처 또는 어미라고 한다.

손위 어른 앞에서는 자기 신랑 또는 신랑감이나 자기 각시 또는 각시 감을 이야기할 때 씨(존칭)를 붙이지 않는다.

사가의 호칭은 남자(여자)끼리는 사돈, 남자와 여자 사이는 밭사돈, 반대는 안사돈이라 하고 나이의 많고 적음에 상관없이 상경한다.

방계 조상(傍系 祖上, 방조:傍祖)은 육 대조 이상의 형제를, 방손(傍孫)은 직계손이 아닌 방조의 자손을, 선조(先祖)는 먼 대수의 조상(16대조를 넘으면 선조라 함)을 말한다.

당내(堂內)는 8촌 이내를 말하며, 일가(一家)는 11촌까지를 말하고, 형, 아우, 누이를 동기라 한다. 나와 고종 또는 외종(외사촌)의 사이를 내외종간이라 한다. 여기에서 내종은 나를 말하고, 외종은 고종 또는 외종을 말한다. 어떤 지방 사람들은 고종을 내종, 외종을 외종, 또는 외종을 내종, 고종을 외종이라 한다. 그러나 이것은 나와 너를 착각한 것 같다. 나는 안에 있고 고종과 외종은 밖에 있으

니 나는 내종이요, 고종이나 외종은 분명히 외종인 것이다. 그러나

고종을 내종으로 쓰는 곳이 절대다수이니 그렇게 내종이라 하는 것이 좋겠다.

외손(外孫)은 먼 계촌의 딸의 자손을 말하고, 선외가(先外家)는 조상들의 외가를, 외외가(外外家)는 어머니의 외가를 말한다.

말은 기본적으로 나이가 적은 사람이 나이가 많은 사람에게, 항렬이 낮은 사람이 높은 사람에게, 남자와 여자사이에 경어(존댓말)를 쓰는 경우가 많다. 상대가 조카항렬이나 손자항렬이라도 나보다 나이가 많으면 경어를 쓰는 것을 고려해보아야 한다. 장질부나 종부, 나이가 많은 손부는 '해라'하지 않고 '하게' 한다. 수숙사이에도 경어를 쓴다.

世(세)는 시조를 一世(1세), 다음을 二世(2세), 그다음을 三世(3세)……, 이렇게 순서대로 매겨놓은 것이다. 이와 같이 세수는 고정불변의 것이다. 그래서 '나는 30세 또는 30세손이다'하면 이 세상에 태어나서부터 죽은 후에도 30세 또는 30세손이다.

代(대)는 혈족간의 자(척도)이다. 그래서 위로는 몇 대조 아래로는 몇 대손, 이와 같이 조와 손을 붙여 말한다. 나는 제외하고 헤아리는 수이다. 내가 30세이면 20세는 나의 10대조이고 10세는 나의 20대조이며, 40세는 10대손이고 37세는 7대손이다.

촌수는 혈족에만 쓰이며, 혈족이 아닌 나와 처, 나와 매부, 나와 며느리는 촌수가 없다. 예를 들어 내가 30세손이면 족하 뻘(파가 다른) 되는 사람은 31세손이며 두 사람의 같은 첫 할아버지는 13세 할아버지이므로 나의 17대조이고 족하 뻘 되는 사람의 18대조이다. 이 두 대수의 합(17대 + 18대)이 촌수이다. 즉 35촌간이며 35촌 숙, 35촌 질인 것이다. 宗孫子(종손자), 從姪(종질) 등에서 從(종)은 寸(촌)을 뜻하는데 4촌과 5촌을 말하고, 再從(재종)은 6촌과 7촌, 三從(3종)은 8촌과 9촌, 四從(4종)은 10촌과 11촌을 말한다. 五從(5종)

은 없고 三從高孫子(삼종고손자)는 다르다. 고모 가는 '내'자를 붙여 내재종, 내3종, 내4종이라고 하지만 일반적으로 잘 쓰이지 않는다.

　종파(宗派)마다 宗孫(종손)이 있다. 종손의 할아버지는 宗祖(종조)이다. 宗孫(종손) 宗婦(종부)는 부부간이다. 종손은 맏집(큰집) 長孫(장손) 즉 맏손자를 가르키는 말이다. 어느 할아버지를 기준으로 해서 몇 대 종손이라고 한다. 즉 종조로부터의 대수이다. 형제의 경우 형은 종조가 못되지만 아우(동생)는 종조가 된다. 支孫(지손)은 支派(지파)의 자손(子孫)으로 之次(지차)집 자손을 말한다. 五代祖(5대조)를 玄祖(현조) 高孫子(4대손)를 玄孫(현손)이라하고, 5대손을 來孫(내손), 6대손을 昆孫(곤손), 7대손을 仍孫(잉손), 그 이하를 遠孫(원손)이라 하는데 이런 말들은 글에서나 쓰이는 말이지 보통은 잘 쓰이지 않는다.

直系家系表(男子基準)

본말(명칭)	한자어	호칭	관계	말	계촌	관계풀이	비고
육대조	六代祖	육대조할아버지	조손	경어	6대조		
오대조	五代祖	오대조할아버지	조손	경어	5대조		
고조부	高祖父	고조할아버지	조손	경어	4대조		
고조모	高祖母	고조할머니	조손	경어	4대조		
증조부	曾祖父	증조할아버지	조손	경어	3대조		
증조모	曾祖母	증조할머니	조손	경어	3대조		
조부	祖父	할아버지	조손	경어	2대조		
조모	祖母	할머니	조손	경어	2대조		
부	父	아버지	부자	경어	1대조		
모	母	어머니	모자	경어	1대조		
아들	子	애비, 이름	부자	해라	1대손		
며느리	子婦	이미, 새아	구부	해라	1대손	舅婦間	
딸	女	(姓)실	부녀	해라	1대손		
사위	壻	(姓)서방	옹서	해라	1대손	翁壻間	
손자	孫子	이름	조손	해라	2대손		
손부	孫婦	손부	조손부	해라			
손녀	孫女	이름	조손	해라	2대손		
손서	孫壻	(姓)서방, 손서	조손서	해라			
외손자	外孫子	이름	조손	해라	2대손	딸의 아들	
외손부	外孫婦	손부	조손부	해라		딸의 며느리	
외손녀	外孫女	이름	조손	해라	2대손	딸의 딸	
외손서	外孫壻	(姓)서방, 외손서	조손서	해라		딸의 사위	
증손자	曾孫子	이름	조손	해라	3대손		
증손부	曾孫婦	손부	조손부	해라			
증손녀	曾孫女	이름	조손	해라	3대손		
증손서	曾孫壻	(姓)서방, 손서	조손서	해라			
진외증손자	陳外曾孫子	이름	조손	해라	3대손	손녀의 아들	
진외증손부	陳外曾孫婦	손부	조손부	해라		손녀의 며느리	

直系家系表

본말(명칭)	한자어	호칭	관계	말	계촌	관계풀이	비고
진외증손녀	陳外曾孫女	이름	조손	해라	3대손	손녀의 딸	
진외증손서	陳外曾孫壻	(姓)서방, 외손서	조손서	해라		손녀의 사위	
외증손자	外曾孫子	이름	조손	해라	3대손	딸의 손자	
외증손부	外曾孫婦	손부	조손부	해라		딸의 손부	
외증손녀	外曾孫女	이름	조손	해라	3대손	딸의 손녀	
외증손서	外曾孫壻	(姓)서방, 외손서	조손서	해라		딸의 손서	
외외증손자	外外曾孫子	이름	조손	해라	3대손	딸의 외손자	
외외증손부	外外曾孫婦	손부	조손부	해라		딸의 외손부	
외외증손녀	外外曾孫女	이름	조손	해라	3대손	딸의 외손녀	
외외증손서	外外曾孫壻	(姓)서방, 외손서	조손서	해라		딸의 외손서	
고손자	高孫子	이름	조손	해라	4대손		
고손부	高孫婦	손부	조손부	해라			
고손녀	高孫女	이름	조손	해라	4대손		
고손서	高孫壻	(姓)서방, 손서	조손서	해라			
증외고손자	曾外高孫子	이름	조손	해라	4대손	손자의 외손자	
증외고손부	曾外高孫婦	손부	조손부	해라		손자의 외손부	
증외고손녀	曾外高孫女	이름	조손	해라	4대손	손자의 외손녀	
증외고손서	曾外高孫壻	(姓)서방, 외손서	조손서	해라		손자의 외손서	
진외고손자	陳外高孫子	이름	조손	해라	4대손	손녀의 손자	
진외고손부	陳外高孫婦	손부	조손부	해라		손녀의 손부	
진외고손녀	陳外高孫女	이름	조손	해라	4대손	손녀의 손녀	
진외고손서	陳外高孫壻	(姓)서방, 외손서	조손서	해라		손녀의 손서	
외고손자	外高孫子	이름	조손	해라	4대손	딸의 증손자	
외고손부	外高孫婦	손부	조손부	해라		딸의 증손부	
외고손녀	外高孫女	이름	조손	해라	4대손	딸의 증손녀	
외고손서	外高孫壻	(姓)서방, 외손서	조손서	해라		딸의 증손서	
형님	兄任	형님	형제	경어	2촌		
형수	兄嫂	새아지매	수숙	경어		형님의 부인	嫂(아지매수)

直系家系表

본말(명칭)	한자어	호칭	관계	말	계촌	관계풀이	비고
동생	同生	이름, 동생	형제	평어	2촌		
제수(계수)	弟嫂(季嫂)	제수씨 새아지매	수숙	경어		동생의 부인	
조카	足下	이름	숙질	해라	3촌	형님, 동생의 아들	
질부	姪婦	질부		해라		형님, 동생의 며느리	
질녀	姪女	(姓)실, 이름	숙질	해라	3촌	형님, 동생의 딸	장질부는 '하게'
질서	姪壻	(姓)서방		해라		형님, 동생의 사위	
종손자	從孫子	이름	조손	해라	4촌	형님, 동생의 손자	
종손부	從孫婦	손부	조손부	해라		형님, 동생의 손부	
종손녀	從孫女	이름	조손	해라	4촌	형님, 동생의 손녀	
종손서	從孫壻	(姓)서방, 손서	조손서	해라		형님, 동생의 손서	
외종손자	外從孫子	이름	조손	해라	4촌	형님, 동생의 외손자	
외종손부	外從孫婦	손부	조손부	해라		형님, 동생의 외손부	
외종손녀	外從孫女	이름	조손	해라	4촌	형님, 동생의 외손녀	
외종손서	外從孫壻	(姓)서방, 외손서	조손서	해라		형님, 동생의 외손서	
종증손자	從曾孫子	이름	조손	해라	5촌	형님, 동생의 증손자	
종증손부	從曾孫婦	손부	조손부	해라		형님, 동생의 증손부	
종증손녀	從曾孫女	이름	조손	해라	5촌	형님, 동생의 증손녀	
종증손서	從曾孫壻	(姓)서방, 손서	조손서	해라		형님, 동생의 증손서	
진외종증손자	陳外從曾孫子	이름	조손	해라	5촌	조카의 외손자	
진외종증손부	陳外從曾孫婦	손부	조손부	해라		조카의 외손부	
진외종증손녀	陳外從曾孫女	이름	조손	해라	5촌	조카의 외손녀	
진외종증손서	陳外從曾孫壻	(姓)서방, 외손서	조손서	해라		조카의 외손서	
외종증손자	外從曾孫子	이름	조손	해라	5촌	형님, 동생의 외증손자	
외종증손부	外從曾孫婦	손부	조손부	해라		형님, 동생의 외증손부	
외종증손녀	外從曾孫女	이름	조손	해라	5촌	형님, 동생의 외증손녀	
외종증손서	外從曾孫壻	(姓)서방, 외손서	조손서	해라		형님, 동생의 외증손서	
종고손자	從高孫子	이름	조손	해라	6촌	형님, 동생의 고손자	
종고손부	從高孫婦	손부	조손부	해라		형님, 동생의 고손부	

直系家系表

본말(명칭)	한자어	호칭	관계	말	계촌	관계풀이	비고
종고손녀	從高孫女	이름	조손	해라	6촌	형님, 동생의 고손녀	
종고손서	從高孫壻	(姓)서방, 손서	조손서	해라		형님, 동생의 고손서	
종증외고손자	從曾外高孫子	이름	조손	해라	6촌	종손자의 외손자	
종증외고손부	從曾外高孫婦	손부	조손부	해라		종손자의 외손부	
종증외고손녀	從曾外高孫女	이름	조손	해라	6촌	종손자의 외손녀	
종증외고손서	從曾外高孫壻	(姓)서방, 외손서	조손서	해라		종손자의 외손서	
누님	妹氏	누님	남매	경어	2촌		
매형	妹兄	매형, 새형님	남매	경어		누님의 남편	
여동생	女同生	(姓)실	남매	해라	2촌		
매부	妹夫	(姓)서방	남매	하게		여동생의 남편	
생질	甥姪	이름	숙질	해라	3촌	누님, 여동생의 아들	舅甥間이라함
생질부	甥姪婦	질부		해라		누님, 여동생의 며느리	말 : '하게'
생질녀	甥姪女	이름, (姓)실	숙질	해라	3촌	누님, 여동생의 딸	
생질서	甥姪壻	(姓)서방		해라		누님, 여동생의 사위	
생(이)손자	甥(離)孫子	이름	조손	해라	4촌	누님, 여동생의 손자	離孫子는 떠난다는 말
생손부	甥孫婦	손부	조손부	해라		누님, 여동생의 손부	
생(이)손녀	甥(離)孫女	이름	조손	해라	4촌	누님, 여동생의 손녀	
생손서	甥孫壻	(姓)서방, 손서	조손서	해라		누님, 여동생의 손서	
외생손자	外甥孫子	이름	조손	해라	4촌	딸의 외손자	
외생손부	外甥孫婦	손부	조손부	해라		딸의 외손부	
외생손녀	外甥孫女	이름	조손	해라	4촌	딸의 외손녀	말 : 출가후는 '하게'
외생손서	外甥孫壻	(姓)서방, 외손서	조손서	해라		딸의 외손서	
처	妻	각시, 마누라, 여보, 임자, 할마이	내외	평어		안사람	이녁

直系家系圖

六代祖 육대조 父母 부모															
五代祖 오대조 父母 부모															
			從高祖父	高祖父母 고조할아버지	高祖母 고조할머니	從高祖父										
4대															
			從曾祖父母	曾祖父 증조할아버지	曾祖母 증조할머니	從曾祖父母										
3대															
			從祖父母	작은할아버지 작은할머니	祖父 할아버지	祖母 할머니	큰할아버지 큰할머니	從祖父母								
2대															
			叔父母	작은아버지 작은어머니	아버지 父	어머니 母	큰아버지 큰어머니	伯父母								
1대															
	兄형님	兄嫂형수	弟	同生동생	弟嫂제수	季嫂계수	나 妻						누님 妹兄	女同生	妹夫	
			②				⊙						②			
	足족姪 下하婦 ③		姪 姪女壻 ③		아들 며느리 ①				딸 사위(壻) ①			甥姪 甥姪婦 ③		甥姪 甥姪女壻 ③		
從從孫孫子婦 ④	從從孫孫女壻 ④	外外從從孫孫子婦 ④	外外從從孫孫女壻 ④		孫孫子婦 ②		孫孫女壻 ②		外外孫孫子婦 ②	外外孫孫女壻 ②		甥甥孫孫子婦 ④	甥甥孫孫女壻 ④	外外甥甥孫孫子婦 ④	外外甥甥孫孫女壻 ④	
從從曾曾孫孫子婦 ⑤	從從曾曾孫孫女壻 ⑤	陳陳外外從從曾曾孫孫子婦 ⑤	陳陳外外從從曾曾孫孫女壻 ⑤	外外從從曾曾孫孫子婦 ⑤	外外從從曾曾孫孫女壻 ⑤		曾曾孫孫子婦 ③	曾曾孫孫女壻 ③	陳陳外外曾曾孫孫子婦 ③	陳陳外外曾曾孫孫女壻 ③	外外曾曾孫孫子婦 ③	外外曾曾孫孫女壻 ③	外外外外曾曾孫孫子婦 ③	外外外外曾曾孫孫女壻 ③		
從從高高孫孫子婦 ⑥	從從高高孫孫女壻 ⑥						曾高外孫高子孫婦 ④	曾高外孫高子孫女壻 ④	曾外陳陳曾高外孫高子孫婦 ④	曾外陳陳曾高外孫高子孫女壻 ④	外外高高孫孫子婦 ④	外外高高孫孫女壻 ④				

祖父家系表

본말(명칭)	한자어	호칭	관계	말	계촌	관계풀이	비고
백부	伯父	큰아버지	숙질	경어	3촌	아버지의 형	
백모	伯母	큰어머니	숙질	경어			
숙부	叔父	작은아버지	숙질	경어	3촌	아버지의 형제	
숙모	叔母	작은어머니	숙질	경어			
종백형	從伯兄	형님	종반	경어	4촌	큰아버지의 맏아들	
종형	從兄	형님	종반	경어	4촌	큰(작은)아버지의 아들	
종형수	從兄嫂	새아지매	수숙	경어			
종제	從弟	동생	종반	해라	4촌	큰(작은)아버지의 아들	나이가 많아지면 하게
종제(계)수	從弟(季)嫂	수씨, 새아지매	수숙	경어			
종매(손위)	從妹(손위)	누님	남매	경어	4촌	큰(작은)아버지의 딸	말:하게도함
종매형	從妹兄	매형(새형님)	남매	경어			
종매(손아래)	從妹(손아래)	동생, (姓)실	남매	해라	4촌	큰(작은)아버지의 딸	나이가 많아지면'하게'
종매부	從妹夫	(姓)서방	남매	해라			
종질	從姪	조카, 이름, 택호	숙질	해라	5촌	종형의 아들	당질(堂姪)이라고도함 당질부 당질녀 당질서
종질부	從姪婦	질부	숙질부	하게		종형의 며느리	
종질녀	從姪女	(姓)실	숙질부	해라	5촌	종형의 딸	
종질서	從姪壻	(姓)서방		해라		종형의 사위	
종생질	從甥姪	조카, 이름, 택호	숙질	해라	5촌	종매의 아들	백숙부의 외손자
종생질부	從甥姪婦	생질부		하게		종매의 며느리	
종생질녀	從甥姪女	이름, (姓)실	숙질	해라	5촌	종매의 딸	백숙부의 외손녀
종생질서	從甥姪壻	(姓)서방		해라		종매의사위	
재종손자	再從孫子	이름	조손	해라	6촌	종형의 손자	
재종손부	再從孫婦	손부	조손	해라		종형의 손부	
재종손녀	再從孫女	이름	조손	해라	6촌	종형의 손녀	
재종손서	再從孫壻	손서	조손	해라		종형의 손서	

祖父家系表

본말(명칭)	한자어	호칭	관계	말	계촌	관계풀이	비고
재종생(이)손	再從甥(離)孫	이름	조손	해라	6촌	종매의 손자	
재종생손부	再從甥孫婦	손부	조손	해라		종매의 손부	
재종생손녀	再從甥孫女	이름	조손	해라	6촌	종매의 손녀	
재종생손서	再從甥孫壻	손서	조손	해라		종매의 손서	
외재종생손자	外再從甥孫子	이름	조손	해라	6촌	종매의 외손자	
외재종생손부	外再從甥孫婦	손부	조손	해라		종매의 외손부	
외재종생손녀	外再從甥孫女	이름	조손	해라	6촌	종매의 외손녀	
외재종생손서	外再從甥孫壻	손서	조손	해라		종매의 외손서	
재종증손자	再從曾孫子	이름	조손	해라	7촌	백숙부의 증손자	
재종증손부	再從曾孫婦	손부	조손	해라		백숙부의 증손부	
재종증손녀	再從曾孫女	이름	조손	해라	7촌	백숙부의 증손녀	
재종증손서	再從曾孫壻	손서	조손	해라		백숙부의 증손서	
재종고손자	再從高孫子	이름	조손	해라	8촌	백숙부의 고손자	
재종고손부	再從高孫婦	손부	조손	해라		백숙부의 고손부	
재종고손녀	再從高孫女	이름	조손	해라	8촌	백숙부의 고손녀	
재종고손서	再從高孫壻	손서	조손	해라		백숙부이 고손서	
고모	姑母	고모아주머니	숙질	경어	3촌	아버지의 여형제	
고모부	姑母夫	고모아저씨		경어		고모의 남편	姑叔이라는 곳도 있음
고종형	姑從兄	형님	내외종	경어	4촌	고모의 아들	
고종형수	姑從兄嫂	형수, 새아지매	수숙	경어		고모의 며느리	
고종제	姑從弟	동생	내외종	하게	4촌	고모의 아들	택호를 부르는 것이 좋음
고종제수	姑從弟嫂	제수, 새아지매	수숙	경어		고모의 며느리	
고종누님	姑從누님	누님	내외종 남매	경어	4촌	고모의 딸	
고종매형	姑從妹兄	매형	남매	경어		고모의 사위	
고종매	姑從妹	(姓)실	내외종 남매	해라	4촌	고모의 딸	
고종매부	姑從妹夫	(姓)서방	남매	하게		고모의 사위	

祖父家系表

본말(명칭)	한자어	호칭	관계	말	계촌	관계풀이	비고
고종질	姑從姪	이름, 택호	숙질	해라	5촌	고모의 손자	외가에는 외를 붙여 외사촌, 외삼촌, 외종형 하는 것처럼 고모가에도 내를 붙여 내종형, 내종질, 내재종, 내삼종, 내사종이라고도 한다
고종질부	姑從姪婦	질부		해라			
고종질녀	姑從姪女	(姓)실	숙질	해라	5촌	고모의 손녀	
고종질서	姑從姪壻	(姓)서방		해라			
외고종질	外姑從姪	이름, 택호	숙질	해라	5촌	고모의 외손자	
외고종질부	外姑從姪婦	질부		해라		고모의 외손부	
외고종질녀	外姑從姪女	(姓)실	숙질	해라	5촌	고모의 외손녀	
외고종질서	外姑從姪壻	(姓)서방		해라		고모의 외손서	
고종손자	姑從孫子	이름	조손	해라	5촌	고종의 손자	
고종손부	姑從孫婦	손부	조손	해라		고종의 며느리	
고종손녀	姑從孫女	이름	조손	해라	5촌	고종의 손녀	
고종손서	姑從孫壻	손서	조손	해라		고종의 손서	

祖父家系圖

六代祖 육대조 父母 부모																
五代祖 오대조 父母 부모																
	從高祖父	高조할아버지	高祖父母	고조할머니	從高祖父											
	4대														
	從曾祖父母	증조할아버지	曾祖父母	증조할머니	從曾祖父母											
	3대												
	從祖父母	작은할머니	작은할아버지	祖父母	할머니	큰할머니	큰할아버지	從祖父母								
	2대														
父母 1대				伯父 큰아버지	큰어머니	叔父 작은아버지	叔母 작은어머니 ③			姑母 姑母夫 ③						
나妻 ○	兄 兄嫂 ②	弟 弟嫂 ②	누님 妹兄 ②	女同生 妹夫 ②	從兄 從兄嫂 ④	從弟 從弟(계)嫂 ④		從妹 從妹夫 ④	姑從兄 ④	姑從兄嫂	姑從弟	姑從弟嫂	姑從妹	姑從妹兄	姑從妹夫 ④	
아들 며느리 ①	조카 姪婦 ③	姪 姪女 姪壻 ③	甥姪 甥姪婦 ③	甥姪女 甥姪壻 ③	從姪 從姪婦 ⑤		從姪女 從姪壻 ⑤	從甥姪 ⑤	姑從姪 姑從姪婦 ⑤	姑從姪女 ⑤	外姑從姪 ⑤	外姑從姪婦 外姑從姪女 外姑從姪壻 ⑤			
孫子 孫子婦 ②	從孫子 從孫子婦 ④	外從孫子 外從孫子婦 ④	甥(이)孫 甥(이)孫婦 ④	外甥孫子 外甥孫子婦 ④	再從甥孫子 再從甥孫子婦 ⑥		再從甥孫子 ⑥	外外再從甥孫子 ⑥	姑從孫子 姑從孫子婦 ⑥	姑從孫女 ⑥	姑從을 內從이라고도 함			
曾孫子 曾孫婦 ③	從曾孫子 從曾孫婦 ⑤	外外從曾孫子 ⑤			再從曾孫子 再從曾孫婦 ⑦	再從曾孫女 再從曾孫壻 ⑦								
高孫子 高孫婦 ④	從高孫子 從高孫婦 ⑥				再從高孫子 再從高孫婦 ⑧	再從高孫女 再從高孫壻 ⑧								

曾祖父家系表

본말(명칭)	한자어	호칭	관계	말	계촌	관계풀이	비고
증조부	曾祖父	증조할아버지	조손	경어	3대조	할아버지의 아버지	
증조모	曾祖母	증조할머니	조손	경어	3대조	할아버지의 어머니	
종증조부	從曾祖父	종증조할아버지	조손	경어	5촌	할아버지의 백숙부	
종증조모	從曾祖母	종증조할머니	조손	경어	5촌	할아버지의 백숙모	
종조부	從祖父	종조할아버지	조손	경어	4촌	할아버지의 형제	
종조모	從祖母	종조할머니	조손	경어	4촌	아버지의 백숙모	
종숙	從叔	아저씨	종숙질	경어	5촌	아버지의 4촌	당숙
종숙모	從叔母	아주머니	종숙질	경어	5촌	아버지의 형제수	당숙모
종고모	從姑母	종고모아주머니	종숙질	경어	5촌	아버지의 4촌누이	당고모
종고모부	從姑母夫	종고모아저씨	종숙질	경어		아버지의 4촌매부	당고모부
재종형	再從兄	형님	재종형제	경어	6촌	6촌형님	
재종형수	再從兄嫂	새아주머니	수숙	경어		6촌형수	
재종제	再從弟	동생, 택호	재종형제	평어	6촌	6촌동생	
재종제수	再從弟嫂	제수씨, 새아주머니	수숙	경어		6촌제수	
재종매	再從妹	누님, (姓)실	남매	해라	6촌	6촌누이	
재종매부	再從妹夫	매형, 새형님	남매	경어		6촌매형	
재종매	再從妹	이름, (姓)실	남매	해라	6촌	6촌누이	
재종매부	再從妹夫	(姓)서방, 매부	남매	해라		6촌매부	나이따라 하게한다
종고종	從姑從	형님, 동생	내외종	경어	6촌	종숙의 생질	동생은 하게
종고종수	從姑從嫂	수씨, 새아주머니	수숙	경어		종숙의 생질부	
종고종매	從姑從妹	이름, (姓)실	남매	해라	6촌	종숙의 생질녀	
종고종매부	從姑從妹夫	(姓)실	남매	해라		종숙의 생질서	
재종질	再從姪	조카, 이름	숙질	해라	7촌	6촌형제의 아들	
재종질부	再從姪婦	질부	숙질	하게		6촌형제의 며느리	
재종질녀	再從姪女	이름, (姓)실	숙질	해라	7촌	6촌형제의 딸	
재종질서	再從姪婿	(姓)서방	숙질	해라		6촌형제의 사위	
재종생질	再從甥姪	이름, 택호	숙질	해라	7촌	6촌누이의 아들	
재종생질부	再從甥姪婦	생질부	숙질	해라		6촌누이의 며느리	

曾祖父家系表

본말(명칭)	한자어	호칭	관계	말	계촌	관계풀이	비고
재종생질녀	再從甥姪女	이름,(姓)실	숙질	해라	7촌	6촌누이의 딸	
재종생질서	再從甥姪壻	(姓)서방	숙질	해라		6촌누이의 사위	
종고종질	從姑從姪	이름	숙질	해라	7촌	종고모의 손자	
종고종질부	從姑從姪婦	질부	숙질	해라		종고모의 손부	
종고종질녀	從姑從姪女	이름,(姓)실	숙질	해라	7촌	종고모의 손녀	
종고종질서	從姑從姪壻	(姓)서방	숙질	해라		종고모의 손서	
대(존,왕)고모	大(尊,王)姑母	고모할머니	조손	경어	4촌	아버지의 고모	곳에 따라 호칭이 다름
대고모부	大姑母夫	고모할아버지	조손	경어		아버지의 고모부	
존고종숙	尊姑從叔	존고종아저씨	숙질	경어	5촌	아버지의 고종	
존고종숙모	尊姑從叔母	존고종아주머니		경어		아버지의 고종수	
존고종고모	尊姑從姑母	존고종고모아주머니	숙질	경어	5촌	아버지의 고종매	
존고종고모부	尊姑從姑母夫	존고종고모아저씨		경어		아버지의 고종매부	
존고종형제	尊姑從兄弟	형님	형제	경어	6촌	아버지의 고종질	
존고종수	尊姑從嫂	새아지매		경어		아버지의 고종질부	
존고종매	尊姑從妹	(姓)실	남매	해라	6촌	아버지의 고종질녀	
존고종매부	尊姑從妹夫	(姓)서방		해라		아버지의 고종질서	
존고종질	尊姑從姪	이름	숙질	해라	7촌	아버지의 고종손	
존고종질부	尊姑從姪婦	질부		해라		아버지의 고종손부	
존고종질녀	尊姑從姪女	이름	숙질	해라	7촌	아버지의 고종손녀	
존고종질서	尊姑從姪壻	(姓)서방		해라		아버지의 고종손서	
삼종손자	三從孫子	이름	조손	해라	8촌		
삼종손부	三從孫婦	손부		해라			
삼종손녀	三從孫女	이름	조손	해라	8촌		
삼종손서	三從孫壻	(姓)서방		해라			
삼종증손자	三從曾孫子	이름	조손	해라	9촌		
삼종증손부	三從曾孫婦	손부		해라			
삼종증손녀	三從曾孫女	이름	조손	해라	9촌		

曾祖父家系表

본말(명칭)	한자어	호칭	관계	말	계촌	관계풀이	비고
삼종증손서	三從曾孫壻	(姓)서방		해라			
삼종고손자	三從高孫子	이름	조손	해라	10촌		
삼종고손부	三從高孫婦	손부		해라			
삼종고손녀	三從高孫女	이름	조손	해라	10촌		
삼종고손서	三宗高孫壻	(姓)서방					

曾祖父家系圖

六代祖父母															
五代祖父母															
高祖父母 4대															
曾祖父母 3대															
祖父母 2대			큰할아버지	큰할머니	從祖父母 ④	작은할아버지	작은할머니			大(尊)姑母 ④	大(尊)姑母夫 ④					
父母 1대		伯(叔)父母 ③	姑母 ③	從從從從 (堂堂堂堂) 伯伯叔叔 父母父母 ⑤				從姑母 ⑤	從姑母夫 ⑤	(內)(從)叔 ⑤	大(尊)姑叔母 ⑤	尊姑從叔母 ⑤	尊姑從叔母夫 ⑤		
나	兄弟 ②	妹(누이) ②	從兄弟 ④	姑從 ④	再從兄 ⑥	再從兄嫂 ⑥	再從弟 ⑥	再從弟嫂 ⑥	再從妹 ⑥	再從妹夫 ⑥	(內)(再)(從)從姑從嫂 ⑥	從姑從妹 ⑥	從姑從妹夫 ⑥	尊姑從嫂 ⑥	(陳)(內)(再)尊姑從 ⑥	尊姑從妹 ⑥	尊姑從妹夫 ⑥	外尊姑從妹 ⑥
아들 ①	딸 ①	조카 ③	甥姪 ③	從姪 ⑤	從姪女 ⑤	姑從姪 ⑤	再(堂)從姪 ⑦	再從姪婦 ⑦	再從姪女 ⑦	再從姪女婿 ⑦	從姑從姪 ⑦	從姑從姪婦 ⑦	從姑從姪女 ⑦	尊姑從姪 ⑦	尊姑從姪婦 ⑦	尊姑從姪女 ⑦	尊姑從甥姪女 ⑦
孫子 ②	外孫子 ②	從孫子 ④	甥(離)孫 ④	再從孫子 ⑥	外從孫孫 ⑥	姑從孫 ⑥	三從孫子 ⑧	三從孫女婿 ⑧	外外再從孫子 ⑧	再從甥孫 ⑧	再從甥孫婦 ⑧	從姑從孫 ⑧	從姑從孫婦 ⑧	尊姑從孫 ⑧	尊姑從孫婦 ⑧		
曾孫子 ③	外曾孫子 ③	從曾孫子 ⑤	再從曾孫子 ⑦	外從曾孫子 ⑦	三從曾孫婦 ⑨												
高孫子 ④	外高孫子 ④	從高孫子 ⑥	再從高孫子 ⑧	三從高孫子 ⑩													

高祖父家系表

본말(명칭)	한자어	호칭	관계	말	계촌	관계풀이	비고
종증조부	從曾祖父	증조할아버지	조손	경어	5촌	증조부의 형제	
종증조모	從曾祖母	증조할머니	조손	경어		조부의 백숙모	
재종조부	再從祖父	종조할아버지	조손	경어	6촌	조부의 4촌형제	
재종조모	再從祖母	종조할머니	조손	경어		아버지의 종숙모	
재종숙	再從叔	재종아저씨	숙질	경어	7촌	아버지의 재종	
재종숙모	再從叔母	재종아주머니	숙질	경어		아버지의 재종수	
삼종형제	三從兄弟	형님, 동생	형제	경어	8촌	8촌형제	동생은 하게
삼종수	三從嫂	새아주머니	수숙	경어		8촌형제수	
삼종매	三從妹	누님, (姓)실	남매	평어	8촌	8촌누이	
삼종매부	三從妹夫	매형, 매부	남매	평어		8촌매부	
삼종질	三從姪	이름	숙질	해라	9촌	8촌의 아들	
삼종질부	三從姪婦	종질부	숙질	해라		8촌의 며느리	맏집 종질부는 평어
삼종질녀	三從姪女	이름	숙질	해라	9촌	8촌의 딸	
삼종질서	三從姪壻	(姓)서방	숙질	해라		8촌의 사위	
사종손	四從孫	이름	조손	해라	8촌	6촌의 손자	
사종손부	四從孫婦	손부	조손	해라		6촌의 손부	
사종손녀	四從孫女	이름	조손	해라	8촌	6촌의 손녀	
사종손서	四從孫壻	(姓)서방	조손	해라		6촌의 손서	
삼종생질	三從甥姪	이름	숙질	해라	9촌	8촌누이의 아들	
삼종생질부	三從甥姪婦	생질부	숙질부	해라		8촌누이의 며느리	
삼종생질녀	三從甥姪女	이름	숙질	해라	9촌	8촌누이의 딸	
삼종생질서	三從甥姪壻	(姓)서방	숙질	해라		8촌누이의 사위	
재종고모	再從姑母	고모아주머니	숙질	경어	7촌	아버지의 6촌누이	
재종고모부	再從姑母夫	고모아저씨	숙질	경어		아버지의 6촌매부	
재종고종	再從姑從	형님, 동생	형제	평어	8촌	8촌고종	
재종고종수	再從姑從嫂	고종수씨, 새아주머니	수숙	경어		8촌고종수	
재종고종매	再從姑從妹	(姓)실	남매	평어	8촌	8촌고종누이	

高祖父家系表

본말(명칭)	한자어	호칭	관계	말	계촌	관계풀이	비고
재종고종매부	再從姑從妹夫	(姓)서방	남매	평어		8촌고종매부	하게
재종고종질	再從姑從姪	이름	숙질	해라	9촌	재종고모의 손자	
재종고종질부	再從姑從姪婦	질부	숙질	하게		재종고모의 손부	
재종고종생질	再從姑從甥姪	이름	숙질	해라	10촌	재종고모의 외손자	
종대고모	從大姑母	고모할머니	조손	경어	6촌	종증조부의 딸	
종대고모부	從大姑母夫	고모할아버지	조손	경어		종증조부의 사위	
종대고종숙	從大姑從叔	고종아저씨	숙질	경어	7촌	종증조부의 외손자	
종대고종숙모	從大姑從叔母	고종아주머니	숙질	경어		종증조부의 외손부	
종대고종	從大姑從	종대고종 형님, 동생	형제	평어	8촌	종증조부의 외증손자	
종대고종수	從大姑從嫂	종대고종 형제수씨	수숙	경어		종증조부의 외증손부	
종대고종질	從大姑從姪	이름	숙질	해라	9촌	종증조부의 외고손자	
종대고종질부	從大姑從姪婦	질부	숙질	하게		종증조부의 외고손부	
종대고종질녀	從大姑從姪女	이름, (姓)실	숙질	해라	9촌	종증조부의 외고손녀	
종대고종질서	從大姑從姪壻	(姓)서방	숙질	해라		종증조부의 외고손서	
종대고종매	從大姑從妹	이름, (姓)실	남매	경어	8촌	종증조부의 증손녀	
종대고종매부	從大姑從妹夫	(姓)서방	남매	경어		종증조부의 증손서	
종대고종고모	從大姑從姑母	고모아지매	숙질	경어	7촌	종증조부의 외손녀	
종대고종고모부	從大姑從姑母夫	고모아저씨	숙질	경어		종증조부의 외손서	
증대고모	曾大姑母	증고모할머니	조손	경어	5촌	할아버지의 고모	
증대고모부	曾大姑母夫	증고모할아버지	조손	경어		할아버지의 고모부	
증대고종조부	曾大姑從祖父	할아버지	조손	경어	6촌	할아버지의 고종	
증대고종조모	曾大姑從祖母	할머니	조손	경어		할아버지의 고종수	
증대고종숙	曾大姑從叔	아저씨	숙질	경어	7촌	할아버지의 고종질	
증대고종숙모	曾大姑從叔母	아주머니	숙질	경어		할아버지의 고종질부	
증대고종	曾大姑從	형,아우	형제	경어	8촌	할아버지의 고종손	
증대고종수	曾大姑從嫂	고종수씨	수숙	경어		할아버지의 고종손부	

高祖父家系圖

	六代祖父母										
	五代祖父母										
	高祖父母 4대										
曾祖父母 3대	從曾祖父母 ⑤							曾大姑母 ⑤	曾大姑母夫 ⑤		
祖父母 2대	從祖父母 ④	大(尊)姑母 ④	再從祖父母 ⑥			從大姑母 ⑥	從大姑母夫 ⑥	曾大姑從祖父母 ⑥			
父母 1대	從叔 ⑤	大(尊)姑從叔 ⑤	再從叔父母 ⑦		再從姑母 ⑦	再從姑母夫 ⑦	從大姑從叔母 ⑦	從尊姑從姑母 ⑦	曾大姑從叔母 ⑦	曾大姑從姑母 ⑦	
나	再從兄弟 ⑥	尊姑從兄弟 ⑥	三從兄弟嫂 ⑧	三從兄弟 ⑧	三從妹夫 ⑧	三從妹 ⑧	再從姑從嫂 ⑧	再從姑從妹夫 ⑧	從尊姑從嫂 ⑧	從尊姑從妹 ⑧	曾大姑從兄弟 ⑧	曾大姑從妹 ⑧
아들	再從姪 ⑦	尊姑從姪 ⑦	三從姪 ⑧	三從姪婦 ⑨	三從姪女壻 ⑨	三從甥姪 ⑨	再從姑從姪婦 ⑨	再從姑從甥姪 ⑨	從尊姑從姪婦 ⑨	從尊姑從姪 ⑨		
孫子 ②	三從孫 ⑧	四從孫子	四從孫婦 ⑩	四從孫女壻 ⑩							
曾孫子 ③	三從曾孫 ⑨	四從曾孫子	四從曾孫婦 ⑪	四從曾孫女 ⑪							
高孫子 ④	三從高孫 ⑩										

五代祖父家系表

본말(명칭)	한자어	호칭	관계	말	계촌	관계풀이	비고
종고조부	從高祖父	종고조할아버지	조손	경어	6촌	조부의 종조부	
종고조모	從高祖母	종고조할머니	조손	경어		조부의 종조모	
재종증조부	再從曾祖父	할아버지	조손	경어	7촌	조부의 종숙	
재종증조모	再從曾祖母	할머니	조손	경어		조부의 종숙모	
삼종조부	三從祖父	삼종조할아버지	조손	경어	8촌	조부의 재종	
삼종조모	三從祖母	삼종조할머니	조손	경어		조부의 재종수	
삼종숙	三從叔	삼종아저씨	숙질	경어	9촌	아버지의 삼종	
삼종숙모	三從叔母	삼종아주머니	숙질	경어		아버지의 삼종수	
사종형제	四從兄弟	사종형님동생	형제	경어	10촌	10촌형제	해라
사종수	四從嫂	사종형수제수	수숙	경어		10촌형제수	
사종질	四從姪	이름, 조카	숙질	해라	11촌	10촌의 아들	
사종질부	四從姪婦	삼종질부	숙질	하게		10촌의 며느리	
사종매	四從妹	10촌누이	남매	경어	10촌	10촌누이	평어
사종매부	四從妹夫	10촌매부	남매	경어		10촌매부	평어
종증대고모	從曾大姑母	고모할머니	조손	경어	7촌	종고조부의 딸	
종증대고모부	從曾大姑母夫	고모할아버지	조손	경어		종고조부의 사위	
재종대고모	再從大姑母	고모할머니	조손	경어	8촌	종고조부의 손녀	
재종대고모부	再從大姑母夫	고모할아버지	조손	경어		종고조부의 손서	
삼종고모	三從姑母	고모아주머니	숙질	경어	9촌	종고조부의 증손녀	
삼종고모부	三從姑母夫	고모아저씨	숙질	경어		종고조부의 증손서	
고대고모	高大姑母	고모할머니	조손	경어	6촌	고조부의 누이	
고대고모부	高大姑母夫	고모할아버지	조손	경어		고조부의 매부	
종증대고종조부	從曾大姑從祖父	고모할아버지	조손	경어	8촌	고조부의 생질	
종증대고종조모	從曾大姑從祖母	고모할머니	조손	경어		고조부의 생질부	
고대고종조부	高大姑從祖父	고종할아버지	조손	경어	8촌	고조부의 생손	
고대고종조모	高大姑從祖母	고종할머니	조손	경어		고조부의 생손부	
고대고종증조부	高大姑從曾祖父	할아버지	조손	경어	7촌		
고대고종증조모	高大姑從曾祖母	할머니	조손	경어			

五代祖父家系圖

colspan across all: 六代祖父母														
colspan across all: 五代祖父母														
高祖父母 4대		從高祖父母 ⑥									高大姑母 ⑥	高大姑母夫 ⑥	
曾祖父母 3대			再從曾祖父母 ⑦		從曾大姑母 ⑦	從曾大姑母夫 ⑦	高大姑從曾祖父母 ⑦	高大姑從曾祖母 ⑦	高大姑從曾姑母夫 ⑦				
祖父母 2대	從祖父 ④	大(曾)姑母 ④	三從祖父母 ⑧		再從大姑母 ⑧	再從大姑母夫 ⑧	從曾姑從祖父 ⑧	從曾姑從祖母 ⑧	從曾大從姑母 ⑧	曾從姑從祖母 ⑧	高大姑從祖父 ⑧			
父母 1대	伯叔父 ③	姑母 ③	從叔 ⑤	從姑母 ⑤	大(曾)姑從叔 ⑤	三從叔 ⑨	三從叔母 ⑨	三從姑母 ⑨	三從姑母夫 ⑨	再從大姑從叔母 ⑨	從曾大姑從叔母 ⑨	從曾大姑從姑母 ⑨	從曾姑從姑母 ⑨	高大姑從叔父 ⑨
나	從兄弟 ④	姑從 ④	再從兄弟妹 ⑥	從姑從 ⑥	尊姑從兄弟 ⑥	四從兄弟 ⑩	四從兄弟嫂 ⑩	四從姊妹 ⑩	四從姑母夫 ⑩	三從姑從 ⑩	三從大姑從 ⑩	再從大姑從 ⑩	從曾大姑從兄弟 ⑩	高大姑從兄弟 ⑩
아들	從姪 ⑤	姑從姪 ⑤	再從姪 ⑦	從姑從姪 ⑦	尊姑從姪 ⑦	四從姪 ⑪	四從姪婦 ⑪	四從甥姪 ⑪					
孫子 ②	再從孫 ⑥	姑從孫 ⑥	三從孫 ⑧										
曾孫子 ③	再從曾孫 ⑦	三從曾孫 ⑨											
高孫子 ④													

大(王)姑母家系圖

五代祖父母 (전체 상단)																												
高祖父母 ④																	從高祖父母 ⑥							高大姑母 ⑥	大姑母 ⑥	高大姑母夫 ⑥		
		曾祖父母 ③						從曾祖父母 ⑤				曾大姑母 ⑤	曾大姑母夫 ⑤				再從曾祖父母 ⑦		從曾大姑母 ⑦	從曾大姑母夫 ⑦	高大姑母從曾祖父母 ⑦	高大姑母從曾祖母 ⑦						
	祖父母 ②			從祖父母 ④		大(尊)姑母 ④	大(尊)姑母夫 ④		再從祖父母 ⑥		從大姑母 ⑥	從大姑母夫 ⑥		曾大姑從祖父母 ⑥	曾大姑從祖母 ⑥		三從祖父母 ⑧	再從大姑母 ⑧	再從大姑母夫 ⑧	從曾大姑從祖母 ⑧	從曾大姑從祖母 ⑧	高大姑從祖父母 ⑧					
父母 ①	伯叔父 ③	姑母 ③	姑母夫	從叔父母 ⑤	從姑母 ⑤	從姑母夫 ⑤	大(尊)姑從叔 ⑤	尊姑從叔母 ⑤	曾姑從姑母夫 ⑤	再從叔父母 ⑦	再從姑母 ⑦	再從姑母夫 ⑦	從大姑從叔母 ⑦	從大姑從叔母 ⑦	從尊姑從叔母 ⑦	曾大姑從叔母 ⑦	曾大姑從叔母 ⑦	外曾大姑從兄弟姉妹 ⑦	三從叔 ⑨	三從姑母 ⑨	三從姑母 ⑨	從曾大姑從叔 ⑨	從曾大姑從叔父母 ⑨	高大姑從叔父母 ⑨				
나 ⓞ	從兄弟 ④	姑從兄弟 ④	姑從兄弟嫂 ④	再從兄弟 ⑥	從姑從兄 ⑥	從姑從妹 ⑥	從姑從兄弟嫂 ⑥	尊姑從兄弟 ⑥	外尊姑從兄弟妹 ⑥	三從兄弟 ⑧	三從姑妹 ⑧	再從姑從兄弟 ⑧	再從姑從妹 ⑧	從大姑從兄 ⑧	從大姑從妹 ⑧	外從大姑從兄弟妹 ⑧	曾大姑從兄弟 ⑧	曾大姑從妹 ⑧	外曾大姑從兄弟妹 ⑧	四從兄弟 ⑩	四從妹 ⑩	再從大姑從 ⑩		高大姑從兄弟 ⑩				
아들 ①	從姪 ⑤	姑從姪 ⑤	姑從姪女 ⑤	姑從甥姪女 ⑤	姑從甥姪 ⑤	再從姪 ⑦	再從姑從姪 ⑦	從姑從姪 ⑦	從姑從甥姪 ⑦	尊姑從姪 ⑦	三從姪 ⑨	三從姑從姪 ⑨	再從姑從姪 ⑨	從大姑從 ⑨						四從姪 ⑪								
孫子 ②	再從孫 ⑥	姑從孫 ⑥	三從孫 ⑧	從姑從孫 ⑧	尊姑從孫 ⑧	四從孫 ⑩	再從姑從孫 ⑩																						

妻家係表

본말(명칭)	한자어	호칭	관계	말	계촌	관계풀이	비고
장고조부	丈高祖父	고조할아버지	조손	경어	4촌(대)		계촌은 처와의 촌수임 처4촌, 처3촌, 처조손, 처숙질 등 관계는 처와의 관계
장고조모	丈高祖母	고조할머니	조손	경어	4촌		
장증조부	丈曾祖父	증조할아버지	조손	경어	3촌		
장증조모	丈曾祖母	증조할머니	조손	경어	3촌		
장조부	丈祖父	할아버지	조손	경어	2촌		
장조모	丈祖母	할머니	조손	경어	2촌		
장인	丈人	장인어른	옹서	경어	1촌	처의 아버지	
장모	丈母	장모님		경어	1촌	처의 어머니	
처남	妻男	처남	남매	경어	2촌	처의 오라버니, 동생	손위는 위하고 손아래는 하게, 해라
처남댁	妻男宅	처남댁	남매	경어		동생댁	
처질	妻姪	처조카, 이름	숙질	해라	3촌	처의 남형제의 아들	
처질부	妻姪婦	처질부	숙질	경어		처의 남형제의 며느리	하소
처질녀	妻姪女	처질녀	숙질	하소	3촌	처의 남형제의 딸	
처질서	妻姪壻	(姓)서방	숙질	해라		처의남형제의 사위	
처종손자	妻從孫子	이름	조손	해라	4촌	처의남형제의 손자	
처종손부	妻從孫婦	손부	조손	하소		처의남형제의 손부	
처종손녀	妻從孫女	이름	조손	하소	4촌	처의남형제의 손녀	
처종손서	妻從孫壻	(姓)서방	조손	해라		처의남형제의 손서	
처종증손자	妻從曾孫子	이름	조손	해라	5촌	처의남형제의 증손자	
처종증손부	妻從曾孫婦	손부	조손	해라		처의남형제의 증손부	
처종증손녀	妻從曾孫女	이름	조손	해라	5촌	처의남형제의 증손녀	
처종증손서	妻從曾孫壻	(姓)서방	조손	해라		처의남형제의 증손서	
처외종손자	妻外從孫子	이름	조손	해라	4촌	처의남형제의 외손자	
처외종손부	妻外從孫婦	손부	조손	하소		처의남형제의 외손부	
처외종손녀	妻外從孫女	이름	조손	하소	4촌	처의남형제의 외손녀	
처외종손서	妻外從孫壻	(姓)서방	조손	해라		처의남형제의 외손서	
처형	妻兄	처형		경어	2촌	처의 여형	

妻家係表

본말(명칭)	한자어	호칭	관계	말	계촌	관계풀이	비고
처제	妻弟	처제		경어	2촌	처의 여동생	
동서	同壻	동서	동서	하게		처의 형부, 제부	맏동서, 아래동서로 구별
처이질	妻姨姪	이름	숙질	해라	3촌	처형제의 아들	
처이질부	妻姨姪婦	이질부		하소		처형제의 며느리	
처이질녀	妻姨姪女	이질녀	숙질	하소	3촌	처형제의 딸	
처이질서	妻姨姪壻	(姓)서방		해라		처형제의 사위	
처이손자	妻姨孫子	이름	조손	해라	4촌	처형제의 손자	
처이손부	妻姨孫婦	이손부		하소		처형제의 손부	
처이손녀	妻姨孫女	이손녀	조손	하소	4촌	처형제의 손녀	
처이손서	妻姨孫壻	(姓)서방		해라		처형제의 손서	
처백부	妻伯父	처백부(처삼촌)	숙질	경어	3촌	처의 큰아버지	
처백모	妻伯母	처백모		경어		처의 큰어머니	
처숙부	妻叔父	처숙부(처삼촌)	숙질	경어	3촌	처의 작은아버지	
처숙모	妻叔母	처숙모		경어	3촌	처의 작은어머니	
종처남	從妻男	사촌처남	남매	경어	4촌	처의 남자형제	하게
종처남댁	從妻男宅	사촌처남댁		경어		사촌동생댁	
처종질	妻從姪	이름	숙질	해라	5촌	사촌의 아들	
처종질부	妻從姪婦	처질부		해라		사촌의 며느리	하소
처종질녀	妻從姪女	처질녀	숙질	해라	5촌	사촌의 딸	하소
처종질서	妻從姪壻	(姓)서방		해라		사촌의 사위	
처재종손	妻再從孫	이름	조손	해라	6촌	사촌의 손자	
처재종손부	妻再從孫婦	손부		하소		사촌의 손부	
처재종손녀	妻再從孫女	손녀, (姓)실	조손	하소	6촌	사촌의 손녀	
처재종손서	妻再從孫壻	(姓)서방		해라		사촌의 손서	
종처형	從妻兄	처형	종형제	경어	4촌	사촌의 여형	
종처제	從妻弟	처제	종형제	경어	4촌	사촌의 여동생	
종동서	從同壻	동서	동서	경어		여형제의 신랑	하게

妻家係表

본말(명칭)	한자어	호칭	관계	말	계촌	관계풀이	비고
처종이질	妻從姨姪	이름	종숙질	해라	5촌	사촌여행제의 아들	
처종이질부	妻從姨姪婦	이질부		하소		사촌여행제의 며느리	
처종이질녀	妻從姨姪女	이질녀	종숙질	하소	5촌	사촌여행제의 딸	
처종이질서	妻從姨姪壻	(姓)서방		해라		사촌여행제의 사위	
처고모	妻姑母	처고모	숙질	경어	3촌	고모	
처고모부	妻姑母夫	처고모부		경어		고모부	
처고종처남	妻姑從妻男	처남	고종남매	경어	4촌	고종사촌	하게
처고종처남댁	妻姑從妻男宅	처남댁		경어		고종사촌의 댁	동생댁
처고종매	妻姑從妹	처형, 처제	고종형제	경어	4촌	고종사촌 여동생	
처고종동서	妻姑從同壻	동서	동서	경어		고종사촌 여형제 신랑	하게
처외재종손자	妻外再從孫子	이름		해라	6촌	처사촌의 외손자	
처외재종손부	妻外再從孫婦	손부		하소		처사촌의 외손부	
처외재종손녀	妻外再從孫女	손녀		하소	6촌	처사촌의 외손녀	
처외재종손서	妻外再從孫壻	(姓)서방		해라		처사촌의 외손서	
처재종증손자	妻再從曾孫子	이름		해라	7촌	처사촌의 증손자	
처재종증손부	妻再從曾孫婦	손부		하소		처사촌의 증손부	
처재종증손녀	妻再從曾孫女	손녀		하소	7촌	처사촌의 증손녀	
처재종증손서	妻再從曾孫壻	(姓)서방		해라		처사촌의 증손서	
처종이손자	妻從離孫子	이름		해라	6촌	처사촌여형제의 손자	
처고종질	妻姑從姪	이름		해라	5촌	처고종의 아들	
처고종질녀	妻姑從姪女	이름		하소		처고종의 딸	
처종이손녀	妻從離孫女	이름		하소	6촌	사촌여형제의 손녀	

계촌은 처의 촌수이다. 그래서 처삼촌, 처사촌이라 한다.
말에 있어서 여인은 나이가 작아도 '하소'하는 것이 보편적이다.

妻家系圖

(처)장장(처)고고조조부모 ④						
(처)장장(처)증증조조부모 ③						
(처)장장(처)조조부모 ②					처종조부 처종조모 ④	
장인 장모 ①		처백부 처백모 처숙부 처숙모 ③		처고모 처고모부 ③	처종숙 처종숙모 ⑤	
나 처 o	처남 처남댁 ②	처동서형 처동서제 ②	종처남 종처남댁 ④	종처동서형 종처동서제 ④	처고종처남 처고종처남댁 ④	처고종매 처고종동서 ④	재종처남 재종처남댁 ⑥
	처질 처질부 ③	처질녀 처질서 ③	처이질 처이질부 ③	처이질녀 처이질서 ③	종처질 종처질부 ⑤	종처질녀 종처질서 ⑤	처종이질 처종이질부 ⑤	처종이질녀 처종이질서 ⑤	처고종질 처고종질부 ⑤	처고종질녀 처고종질서 ⑤	처고종손자 ⑤
처종손자부 ④	처종손녀서 ④	처외종손자부 ④	처외종손녀서 ④	처이손자부 ④	처이손녀서 ④	처재종손자부 ⑥	처외재종손자부 ⑥	처종이손자부 ⑥	처종이손녀서 ⑥	처고종손자 ⑥
처종증손자부 ⑤	처종외증손자부 ⑤					처재종증손자부 ⑦				

- 계촌(촌수 계산)은 첫머리에 처(妻)자만 붙이면 친(親)가와 같다.
  예 : 처4촌. 처6촌. 처숙부 등. 처형, 처제의 경우는 다르다. 남자일때는 처남, 처남의 처는 처남의댁이라 한다.

媤家係表

본말(명칭)	한자어	호칭	관계	말	계촌	관계풀이	비고
시부	媤父	아버님	구부	경어	1촌	신랑아버지	계촌은 신랑과 같음
시모	媤母	어머님	고부	경어	1촌	신랑어머니	
시조부	媤祖父	할아버님	조손	경어	2촌		나(본인)이상 항렬은 媤를 붙이고 아래 항렬은 媤를 붙이지 않음
시조모	媤祖母	할머님	조손	경어	2촌		
시백부	媤伯父	큰아버님	숙질	경어	3촌		
시백모	媤伯母	큰어머님	숙질	경어	3촌		
시숙부	媤叔父	작은아버님	숙질	경어	3촌		
시숙모	媤叔母	작은어머님	숙질	경어	3촌		
시고모	媤姑母	고모아지매	숙질	경어	3촌		소위 동서는 나이가 작아도 형님, 아래 동서는 나이가 많아도 새댁 또는 동서라 부름
시고모부	媤姑母夫	고모아재		경어			
시종조부	媤從祖父	종조할아버지	조손	경어	4촌		
시종조모	媤從祖母	종조할머니	조손	경어	4촌		
시종숙부	媤從叔父	아저씨	숙질	경어	5촌		
시종숙모	媤從叔母	아지매	숙질	경어	5촌		
시숙(수상)	媤叔(手上)	아주버님	수숙	경어	2촌	신랑의 형	手上 手下는 신랑기준
동서(수상)	同棲(手上)	형님	동서	경어	2촌	신랑형의 처	
시숙(수하)	媤叔(手下)	아주버님	수숙	경어	2촌	신랑의 남동생	도령님(혼전), 서방님
동서(수하)	同棲(手下)	새댁, 동서	동서	하게	2촌	신랑남동생의 처	
시매부(수상)	媤妹夫(手上)	시매부, 아주버님		하소		신랑의 누님의남편	
시매(수상)	媤妹(手上)	형님	남매	하소	2촌	신랑 누님	나이가 작아도 형님임
시매부(수하)	媤妹夫(手下)	시매부, 아주버님		하소		신랑 여동생의 남편	
시매(수하)	媤妹(手下)	액씨(아가씨)	남매	하게	2촌	신랑 여동생	(姓)서방댁(출가후)
종동서	從同棲	형님, 새댁	동서	하소 하게	4촌		
종시숙	從媤叔	아저버님	수숙	하소	4촌		

媤家係表

본말(명칭)	한자어	호칭	관계	말	계촌	관계풀이	비고
종시매	從媤妹	형님, (姓)서방댁	남매	하게	4촌	4촌시누이	액씨, 아가씨 (혼전)
종시매부	從媤妹夫	시매부		하소			
고종시매부	姑從媤妹夫	시매부		하소			
고종시매	姑從媤妹	형님, (姓)서방댁	남매	하소 하게	4촌		
고종동서	姑從同棲	동서	동서	하소 하게	4촌		
고종시숙	姑從媤叔	아주버님	수숙	하소	4촌		
재종동서	再從同棲	형님, 새댁	동서	하소 하게	6촌		
재종시숙	再從媤叔	아주버님	수숙	하소	6촌		
시증조부	媤曾祖父	증조할아버지	조손	경어	3촌		
시고조부	媤高祖父	고조할아버지	조손	경어	4촌		
신랑	新郞	여보, 영감					
사위에게는 '하게'한다.							

媤家系圖

	시고조조부모	시고조할아버지	시고조할머니	
		④		
	시증조조부모	시증조할아버지	시증조할머니	
		③		
	시조조부모	시할아버지	시할머니	시종조조부모
		②		④
	시부모	시어머님 님	시백백부모 / 시숙숙부모	시고모 / 시고모부	시종숙부 / 시종숙모
	①		③	③	⑤
夫나 ㅇ	시(신)(랑)숙(형) / 동서	시(신)(랑)(동생)숙 / 동서	시(신)(랑)(누이)매 / 시매부	시(신)(랑)(여동생)매 / 시매부	종시숙 / 종시동서 / 종시매 / 종시매부	고종시숙 / 고종시동서 / 고종시매 / 고종시매부	재종시숙 / 재종시동서 / 재종시매 / 재종시매부
	②	②	②	②	④	④	④	④	⑥	⑥
아들며느리 ①	이 항렬(行列) 부터는 시(媤)를 안붙인다.				
손자손자부 ②	- 며느리는 새아, 아이를 낳으면 이미(母)라 부르고 아들도 애비(父)라 부른다. 관계는 구부(舅婦), 고부(姑婦)간이라 한다.				
증손증손자부 ③	- 손위 시숙은 아저버님, 동서는 형님이라 부른다. - 손아래 시숙(시동생)은 도령님(디린님), 장가을 들면 아저버님(지방에 따라 새서방님), 나이차가 많으면 그냥 아재라한다. 동서는 새댁 또는 동서라 부른다.				
고손고손자부 ④	- 손위 시매(시누이)는 형님, 시매부는 시매 또는 시매부라 부른다. - 손아래 시매는 액씨(아가씨), 출가하면 姓을 붙여 (姓)서방댁이라 부르고, 시매부는 시매 또는 시매부라 부른다.				

親庭家系表

본말(명칭)	한자어	호칭	관계	말	계촌	관계풀이	비고
오라버니	男兄	오라버니	남매	경어	2촌		남 형 댁과 동생댁을 총칭해서 동생댁이라 함. 구별하기 위해 오라버니 댁이 하했음.
오라버니댁	同生宅	형님	남매	경어		올케라고도 함	
남동생	男同生	이름, 동생	남매	해라	2촌		
동생댁	同生宅	새댁	남매	하게		올케라고도 함	
형	兄	형님	형제	경어	2촌		
형부	兄夫	새아재, 형부 새아주버니		경어			누님의 신랑. 동생의 신랑을 모두 매부라 함.
제(여동생)	弟(女同生)	(姓)실	형제	해라	2촌		
제부(계부)	弟夫(季夫)	제부(계부)		경어			
사촌오라버니	從男兄	오라버니	종남매	경어	4촌		
사촌오라비댁	從男兄宅	형님		경어		사촌동생댁	곳에 따라서는 어머니, 오라버니, 동생, 형 동생댁에게 하게 함
사촌남동생	從男同生	동생	종남매	해라	4촌		
사촌동생댁	從同生宅	새댁		하게			
종형	從兄	형님	종형제	경어	4촌	사촌형	
종형부	從兄夫	새아재, 형부 새아주버니		경어		사촌형부	
종제(여)	從弟(女)	(姓)실	종형제	해라	4촌	사촌여동생	
종제부	從弟夫	제부		경어		사촌제부	
조카	足下	이름	숙질	해라	3촌	남형제의 아들	종손. 또는 나이가 많은조카는 '하게' 함.
질부	姪婦	질부		하게			
질녀	姪女	이름, (姓)실	숙질	해라	3촌		
질서	姪壻	(姓)서방		하소			
이질	姨姪	이질, 택호	숙질	해라	3촌	형, 동생의 아들	
이질부	姨姪婦	질부		하게			
이질녀	姨姪女	(姓)실	숙질	해라	3촌	형, 동생의 딸	
이질서	姨姪壻	(姓)서방		하소			
종질	從姪	이름	숙질	해라	5촌		
종질부	從姪婦	질부		하게			
종질녀	從姪女	(姓)실	숙질	해라	5촌		

親庭家系表

본말(명칭)	한자어	호칭	관계	말	계촌	관계풀이	비고
종질서	從姪壻	(姓)서방		하소			
고종오라버니	姑從男兄	오라버니	남매	경어	4촌		
고종오라비댁	姑從男兄宅	형님		경어			
고종남동생	姑從男同生	이름, 동생	남매	해라	4촌		
고종동생댁	姑從同生宅	새댁		하게			
고종형	姑從兄	형님	형제	경어	4촌		
고종형부	姑從兄夫	형부, 새아재		경어			
고종제	姑從弟	(姓)실	형제	해라	4촌		
고종제부	姑從弟夫	(姓)서방		경어			
고종질	姑從姪	조카, 이름	숙질	해라	5촌	고종남형제의 아들	
고종질부	姑從姪婦	질부		하게			

親庭家系圖

고고조조부모 ④															
증증조조부모 ③															
조조부모 ②														종종조조부모 ④	
부모 ①					백백부모 숙숙부모 ③				고모 고모부 ③				종숙 종숙모 ⑤		
나 ○	오라버니 오라(형)(님)댁 ②	남동생 동생(새)(댁) ②	형(새)형부(아)(재) ②	여동생 제계부부 ②	사촌오라버니 사촌오라비댁 ④	사촌남동생 사촌동생댁 ④	종형제 종형제부 ④	고종오라버니 고종오라비댁 ④	고종남동생 고종동생댁 ④	고종형 고종형부 ④	고종제 고종제부 ④	재종오라버니 재종오라비댁 ⑥			
	조질카부 ③	질녀 질녀서 ③	이질 이질부 ③	이질녀 이질녀서 ③	종질부 종질 ⑤	종질녀 종질녀서 ⑤	종이질 종이질녀 ⑤	고종질 고종질부 ⑤	고종증질 고종질녀 ⑤	고종이질 고종이질부 ⑤	고종이질 고종이질녀 ⑤				
	종손자부 종손녀 ④	종손녀서 종손자부 ④	외종손자부 외종손녀 ④	외종손녀서 외종손자부 ④	이손자부 이손녀 ④	이손녀서 이손자부 ④	외이손자부 외이손자 ④	재종이손자부 재이종손자 ⑥	외재종손자부 외재종손자 ⑥	종이손 종이손 ⑥	외종이손자부 고종이손자 ⑥	외고종손자부 외고종손자 ⑥			

- 시집과 친정은 구조가 같다.

- 남동생은 동생. 남동생댁은 새댁이라 부른다.
- 형부는 새아재 또는 새아저씨라 부른다.
- 여동생은 시집姓따라 (姓)실이라 부르고, 여동생신랑은 제부 또는 계부라 부른다.
- 오라버니(오빠)댁은 형님이라 부른다.

妻外家系表

본말(명칭)	한자어	호칭	관계	말	계촌	관계풀이	비고
처외조부	妻外祖父	처외조부	조손	경어	2촌		계촌은 처의 촌수임
처외조모	妻外祖母	처외조모	조손	경어	2촌		'妻外'자만 붙이면 친외가와 같음
처외숙	妻外叔	처외삼촌	숙질	경어	3촌		
처외숙모	妻外叔母	처외숙모		경어			
처이모	妻姨母	이모		경어	3촌		핫열이 낮아도 여인은 '하소'함
처이모부	妻姨母夫	이모부		경어			
처외종처남	妻外從妻男	처남	남매	경어	4촌	처외사촌남형제	손아래 평어를 사용
처외종처남댁	妻外從妻男宅	처남댁		경어		처외사촌남형제의 처	
처외종처형	妻外從妻兄	처형		경어	4촌	처외사촌형	
처외종처제	妻外從妻弟	처제		경어	4촌	처외사촌여동생	
처외종동서	妻外從同壻	동서	동서	경어		처외사촌여형제 남편	손아래 평어를 사용
처이종처남	妻姨從妻男	처이종처남		경어	4촌	처이종남형제	
처이종처남댁	妻姨從妻男宅	처이종처남댁		경어		처이종남형제의 처	
처이종처형	妻姨從妻兄	처형		경어	4촌	처이종사촌형	
처이종처제	妻姨從妻弟	처제		경어	4촌	처이종사촌여동생	
처이종동서	妻姨從同壻	동서	동서	경어		처이종사촌여형제 남편	손아래 평어를 사용

外外家係表

본말(명칭)	한자어	호칭	관계	말	계촌	관계풀이	비고
외외증조부	外外曾祖父	외증조할아버지	조손	경어	3촌	어머니의 외조부	외조모의 아버지
외외증조모	外外曾祖母	외증조할머니	조손	경어	3촌	어머니의 외조부	외조모의 어머니
외외조부	外外從祖父	외할아버지	조손	경어	4촌	어머니의 외삼촌	외조모의 남형제
외외조모	外外從祖母	외할머니	조손	경어	4촌	어머니의 외숙모	외조모의 동생댁
외왕이모	外王姨母	왕이모할머니	조손	경어	4촌	어머니의 이모	외조모의 여형제
외왕이모부	外王姨母夫	왕이모할아버지	조손	경어		어머니의 이모부	외조모여형제의 남편
외외숙부	外外從叔父	외아저씨	숙질	경어	5촌	어머니의 외사촌	외조모의 친정족하
외외숙모	外外從叔母	외아지매	숙질	경어		어머니 외사촌의 처	외조모의 친정질부
외왕이모	外王從姨母	이모아지매	숙질	경어	5촌	어머니 외사촌여형제	외조모의 친정질녀
외왕이모부	外王從姨母夫	이모아저씨	숙질	경어		어머니의 외사촌 여형제의 남편	외조모의 친정질서

査家(사가)係表

본말(명칭)	한자어	호칭	관계	말	계촌	관계풀이	비고
존사장	尊(老)査長	존(노)사장어른		경어		사돈의 조부	남자(여자)끼리는 사돈, 남자와 여자사이는 밭사돈, 반대는 안사돈이라 하고 나이가 많고 적음에 상관없이 상경함. 사돈어른이란 말은 안함.
사장	査長	사장어른		경어		사돈의 부	
사돈	査頓	사돈		경어		며느리의 부모	
사돈	査頓	사돈		경어		사위의 부모	
사하생	査下生	사하생		경어		사돈의 아들항렬	
곁사돈	査頓	사돈		경어		사돈의 형제항렬	

妻外家系圖

	처외조부모 ②	
장인 장모 ①	처외숙 처외숙모 ③	처이모 처이모부 ③
나 처 ㅇ	처외종처남 / 처외종처남댁 ④ / 처외종동서 처외종처제 ④ / 처외종동서 처외종처형 ④	처이종처남 처이종처남댁 ④ / 처이종동서 처이종처제 ④ / 처이종동서 처이종처형 ④

外外家系圖

외외증조부모			
외외종조부모	외할아버지 외할머니	외왕이모 외왕이모부	
외외종숙 외외종숙모	외외종이모 외외종이모부	아버지 어머니	외왕이종숙 외왕이종숙모 / 외왕이종이모 외왕이종이모부
외외재종 / 외외재종수	외외재종매 외외재종매부	나	외왕이종재종 / 외왕이종재종수

査家係圖

할아버지	존사장 (노사장어른) (존사장어른)
아버지	사장 (사장어른)
나 ↔ 사돈 ↔ 사돈	
↙ ↘ 사돈 ↙ ↘	
처 ↔ 사돈 ↔ 처	
아들	사하생

사장이 나를 보고도 사돈이라 한다.
사돈의 아들 : 사돈집 도령(어릴 때), 사돈집 총각(미성일 때)
사돈의 딸 : 며느리의 미성여동생, 사위의 미성여동생, 사돈집 처녀(처자, 아가씨)
사돈의 아들끼리 호칭 : 사형
여인은 남인에 따른다.
곁사장, 사돈의 숙항, 조항렬의 사장. 호칭은 사장 또는 사장어른
사돈의 형제는 곁사돈

外家係表

본말(명칭)	한자어	호칭	관계	말	계촌	관계풀이	비고
외고조부	外高祖父	고조할아버지	조손	경어	4촌	어머니의 증조부	외(外)자만 빼면 친가와 같음. 대와 촌은 같은 뜻. 4촌은 외가의 4대조란 뜻임
외고조모	外高祖母	고조할머니	조손	경어	4촌	어머니의 증조모	
외증조부	外曾祖父	증조할아버지	조손	경어	3촌	어머니의 조부	
외증조모	外曾祖母	증조할머니	조손	경어	3촌	어머니의 조모	
외조부	外祖父	외할아버지	조손	경어	2촌	어머니의 아버지	
외조모	外祖母	외할머니	조손	경어	2촌	어머니의 어머니	
외숙부	外叔父	외아저씨	숙질	경어	3촌	어머니의 남형제	구생(舅甥)간
외숙모	外叔母	외아주머니	숙질	경어		어머니의 오라비,동생댁	
외종형	外從兄	형님	형제	경어	4촌	외사촌형	
외종형수	外從兄嫂	새아지매	수숙	경어		외사촌형의 처	
외종제	外從弟	동생	형제	평어	4촌	외사촌동생	
외종제수	外從弟嫂	새아지매, 제(계)수씨	수숙	경어		외사촌동생의 처	
외종매	外從妹	누님, (姓)실	남매	평어	4촌	외사촌누님, 여동생	
외종매부	外從妹夫	(姓)서방	남매	평어		〃 의 남편	
외종질	外從姪	이름	숙질	해라	5촌	외사촌형제의 아들	
외종질부	外從姪婦	질부	숙질	하게		외사촌형제의 며느리	
외종질녀	外從姪女	(姓)실	숙질	해라	5촌	외사촌형제의 딸	
외종질서	外從姪壻	(姓)서방	숙질	하게		외사촌형제의 사위	
외생질	外甥姪	이름	숙질	해라	5촌	외사촌여형제의 아들	나이 가 많으면 택호
외생질부	外甥姪婦	질부	숙질	하게		외사촌여형제의 며느리	외종생질과 같음
외생질녀	外甥姪女	(姓)실	숙질	해라	5촌	외사촌여형제의 딸	
외생질서	外甥姪壻	(姓)서방	숙질	해라		외사촌여형제의 사위	
외종손	外從孫	이름	조손	해라	6촌	외사촌형제의 손자	
외종손부	外從孫婦	손부	조손	해라		외사촌형제의 손부	
외종손녀	外從孫女	(姓)실	조손	해라	6촌	외사촌형제의 손녀	
외종손서	外從孫壻	(姓)서방	조손	해라		외사촌형제의 손서	

外家係表

본말(명칭)	한자어	호칭	관계	말	계촌	관계풀이	비고
이모	姨母	이모아주머니	숙질	경어	3촌	어머니의 여형제	
이모부	姨母夫	이모아저씨	숙질	경어		어머니여형제 남편	
이종형	姨從兄	형님	형제	하소	4촌	이모의 아들	
이종형수	姨從兄嫂	새아주머니	수숙	하소		이모의 며느리	
이종제	姨從弟	동생	형제	하게	4촌	이모의 아들	
이종제수	姨從弟嫂	새아주머니	수숙	하소		이모의 며느리	
이종매	姨從妹	(姓)실	남매	해라	4촌	이모의 딸	
이종매부	姨從妹夫	매형, (姓)서방	남매	하게		이모의 사위	
이종질	姨從姪	이름	숙질	해라	5촌	이종의 아들	
이종질부	姨從姪婦	질부	숙질	하게		이종의 며느리	
이종질녀	姨從姪女	(姓)실	숙질	해라	5촌	이종의 딸	
이종질서	姨從姪壻	(姓)서방	숙질	해라		이종의 사위	
이종생질	姨從甥姪	이름	숙질	해라	5촌	이종여형제의 아들	
이종생질부	姨從甥姪婦	질부	숙질	하게		이종여형제의 며느리	
이종생질녀	姨從甥姪女	(姓)실	숙질	해라	5촌	이종여형제의 딸	
이종생질서	姨從甥姪壻	(姓)서방		해라		이종여형제의 사위	
외종조부	外從祖父	외종조할아버지	조손	경어	4촌	외조부의 형제	큰(작은) 외 할아버지
외종조모	外從祖母	외종조할머니	조손	경어		외조부의 형제수	
외종숙부	外從叔父	외오촌아저씨	숙질	경어	5촌	외아저씨 4촌	
외종숙모	外從叔母	외오촌아주머니		경어			
외재종형	外再從兄	형님	형제	하소	6촌	외6촌형제	
외재종형수	外再從兄嫂	형수	수숙	하소			
외재종제	外再從弟	동생	형제	하게	6촌		
외재종제수	外再從弟嫂	동생댁	수숙	하게			
외재종매	外再從妹	누님, 이름	남매	하소 하게	6촌	외6촌매	
외재종매부	外再從妹夫	매형, (姓)서방		하게			
외재종질	外再從姪	이름	숙질	해라	7촌	외종숙의 아들	
외재종질부	外再從姪婦	질부		하게		외종숙의 며느리	
외재종질녀	外再從姪女	(姓)실	숙질	해라	7촌	외종숙의 딸	

外家係表

본말(명칭)	한자어	호칭	관계	말	계촌	관계풀이	비고
외재종질서	外再從姪壻	(姓)서방		해라		외종숙의 사위	
외재종생질	外再從甥姪	이름	숙질	해라	7촌		
외재종생질부	外再從甥姪婦	질부		하게			
종이모	從姨母	이모아주머니		경어	5촌	이모4촌여형제	
종이모부	從姨母夫	이모아저씨		경어			
종이종	從姨從	형님, 동생	형제	평어	6촌	이종의 4촌	
종이종수	從姨從嫂	형수,제수 새아지매	수숙	하소			
종이종매	從姨從妹	누님, (姓)실	남매	해라	6촌	이종의 4촌	
종이종매부	從姨從妹夫	매형, (姓)서방		하게			
종이종질	從姨從姪	이름	숙질	해라	7촌		
종이종질부	從姨從姪婦	질부		하게			
종이종질녀	從姨從姪女	이름	숙질	해라	7촌		
종이종질서	從姨從姪壻	(姓)서방		하게			
종이종생질	從姨從甥姪	이름	숙질	해라	7촌		
종이종생질부	從姨從甥姪婦	질부		하게			
종이종생질녀	從姨從甥姪女	이름	숙질	해라	7촌		
종이종생질서	從姨從甥姪壻	(姓)서방		해라			
외재종손	外再從孫	이름	조손	해라	8촌	외종숙의 손자	
외재종손부	外再從孫婦	손부		해라		외종숙의 손부	
외재종손녀	外再從孫女	이름	조손	해라	8촌	외종숙의 손녀	
외재종손서	外再從孫壻	(姓)서방		해라		외종숙의 손서	
외대고모	外大姑母	고모할머니	조손	하소	4촌	외가고모할머니	고모할머니(어머니고모)
외대고모부	外大姑母夫	고모할아버지		하소		외가고모할아버지	어머니의 고모아재
외존고종숙	外尊姑從叔	고모아저씨	숙질	하소	5촌	외가고모아저씨	어머니고종남자형제
외존고종숙모	外尊姑從叔母	고모아지매		하소		외가고모아주머니	어머니고종동생의 댁
외존고종고모	外尊姑從姑母	고모할머니	숙질	하소	5촌	어머니의 고종매	

外家係表

본말(명칭)	한자어	호칭	관계	말	계촌	관계풀이	비고
외존고종고모부	外尊姑從姑母夫	고모할아버지		하소		어머니고종계부	
외존고종형제	外尊姑從兄弟	형님, 동생	형제	하소 하게	6촌	어머니고종질	
외존고종수	外尊姑從嫂	형수, 제수씨	수숙	하소		어머니고종질부	
외존고종매	外尊姑從妹	이름,(姓)실	남매	평어	6촌	어머니고종질녀	
외존고종매부	外尊姑從妹夫	매형,(姓)서방	남매	평어		어머니고종질서	
외종증조부	外從曾祖父	외종증조할아버지	조손	경어	5촌	외증조부의형제	
외종증조모	外從曾祖母	외종증조할머니	조손	경어		외조부의 백숙모	
외재종조부	外再從祖父	할아버지	조손	경어	6촌	어머니의 종숙부	
외재종조모	外再從祖母	할머니	조손	경어		어머니의 종숙모	
외재종숙	外再從叔	아저씨	숙질	경어	7촌	어머니의 6촌	
외재종숙모	外再從叔母	아주머니	숙질	경어		어머니의 6촌댁	
외삼종형제	外三從兄弟	형님, 동생	형제	경어 평어	8촌	8촌형제	
외삼종수	外三從嫂	형수,제수 새아지매	수숙	경어		8촌형제수	
외삼종매	外三從妹	(姓)실	남매	해라	8촌	8촌누이	
외삼종매부	外三從妹夫	(姓)서방		하게		8촌매부	
외삼종질	外三從姪	이름	숙질	해라	9촌	재종숙의 손자	
외삼종질부	外三從姪婦	질부		하게		재종숙의 손부	
외삼종질녀	外三從姪女	이름,(姓)실	숙질	해라	9촌	재종숙의 손녀	
외삼종질서	外三從姪壻	(姓)서방		해라		재종숙의 손서	
재종이모	再從姨母	이모아주머니	숙질	하소	7촌	어머니 6촌여형제	
재종이모부	再從姨母夫	이모아저씨				어머니 6촌형제부	
재종이종형제	再從姨從兄弟	형님, 동생	형제	하소 해라	8촌	재종이모의 아들	
재종이종수	再從姨從嫂	형수,제수 새아지매	수숙	하소		재종이모의 며느리	
재종이종매	再從姨從妹	이름,(姓)실	남매	해라	8촌	재종이모의 딸	
재종이종매부	再從姨從妹夫	(姓)서방		하게		재종이모의 사위	

外家係圖
(아버지의 처가, 어머니의 친정)

				외고조조부모 ④										
			외증조조부모 ③							외종증조조부모 ⑤		외증대고모부 ⑤	외증대고모 ⑤	
		외조조부모 ②			외종조조부모 ④		외대고모 ④		외재종조조부모 ⑥					
아버지 어머니 ①	외숙숙부모 ③		이모모부 ③		외종숙숙부모 ⑤	종이모 ⑤	종이모부 ⑤	외존고종숙 ⑤	외재종고종숙모 ⑤	외존고종고모부 ⑤	외재종숙숙모 ⑦		재종이모부 ⑦	재종이모 ⑦
나	외종형 외종형수 외종제 외종제수 ④	외종매 외종매부 ④	이종형 이종형수 이종제 이종제수 ④	이종매 이종매부 ④	외재종형 외재종형수 외재종제 외재종제수 외재종매 외재종매부 ⑥	종이종 종이종수 ⑥	종이종매 종이종매부 ⑥	외존고종 ⑥	외존고종매 외존고종매부 ⑥		외삼종 외삼종수 ⑧	외삼종매 외삼종매부 ⑧	재종이종수 재종이종 ⑧	
	외종질 외종질부 외종질녀 외종질서 ⑤	외생질 외생질부 외생질녀 외생질서 ⑤	이종질 이종질부 이종질녀 이종질서 ⑤	이종생질 ⑤	외재종질 외재종질부 외재종질녀 외재종질서 ⑦	종이종질 종이종질부 ⑦	종이종생질 종이종생질부 종이종생질녀 종이종생질서 ⑦				외삼종질 외삼종질부 ⑨	외삼종생질 외삼종생질부 외삼종생질녀 외삼종생질서 ⑨		
	외종손 외종손부 외종손녀 외종손서 ⑥				외재종손 외재종손부 ⑧									

陳外家係表(부외가, 조모친정, 조부처가)

본말(명칭)	한자어	호칭	관계	말	계촌	관계풀이	비고
진외증조부	陳外曾祖父	외할아버지	조손	경어	3촌	아버지의 외조부	
진외증조모	陳外曾祖母	외할머니		경어		아버지의 외조모	
진외종조부	陳外從祖父	외할아버지		경어	4촌	아버지 외숙	
진외종조모	陳外從祖母	외할머니		경어		아버지 외숙모	
진외종숙	陳外從叔	아저씨	숙질	경어	5촌	아버지의 외종(외4촌)	
진외종숙모	陳外從叔母	아주머니		경어		아버지의 외종수	동생에게 하게
진외재종형제	陳外再從兄弟	형님, 동생	형제	경어	6촌	아버지의 외종질	
진외재종형제수	陳外再從兄弟嫂	형수,제수씨	수숙	경어		아버지의 외종질부	
진외종고모	陳外從姑母	고모아지매	숙질	경어	5촌	아버지의 외종매	
진외종고모부	陳外從姑母夫	고모아제		경어		아버지의 외종매부	
진외재종매	陳外再從妹	(姓)실	남매		6촌	아버지의 외종질녀	
진외재종매부	陳外再從妹夫	(姓)서방				아버지의 외종질서	
왕이모	王姨母	할머니	조손	경어	4촌	아버지 이모	
왕이모부	王姨母夫	이모할아버지		경어		아버지 이모부	
왕이종숙	王姨從叔	아저씨	숙질	경어	5촌	아버지 이종	
왕이종숙모	王姨從叔母	아주머니	숙질	경어		아버지 이종수	
왕이종이모	王姨從姨母	아주머니	숙질	경어	5촌	아비지의 이종매	
왕이종이모부	王姨從姨母夫	아저씨		경어		아버지의 이종매부	
왕이종재종형제	王姨從再從兄弟	형님, 아우	형제	경어	6촌	아버지의 이종질	아우는 하게
왕이종재종형제수	王姨從再從兄弟嫂	형수, 제수	수숙	경어		아버지의 이종질부	

曾外家係表(조부외가, 증조모친정, 증조부처가)

본말(명칭)	한자어	호칭	관계	말	계촌	관계풀이	비고
증외고조부	曾外高祖父	외할아버지	조손	경어	외4촌	조부의 외조부	
증외고조모	曾外高祖母	외할머니	조손	경어		조부의 외조모	
증외종증조부	曾外從曾祖父	외할아버지	조손	경어	외5촌	조부의 외아저씨	
증외종증조모	曾外從曾祖母	외할머니	조손	경어		조부의 외아주머니	
증외재종조부	曾外再從祖父	외할아버지	조손	경어	외6촌	조부의 외사촌	
증외재종조모	曾外再從祖母	외할머니		경어		조부의 외종수	
증외재종숙부	曾外再從叔父	외아저씨	숙질	경어	외7촌	조부의 외종질	
증외재종숙모	曾外再從叔母	외아주머니		경어		조부의 외종질부	
증외재종고모	曾外再從姑母	고모할머니	조손	경어	외6촌	조부의 외종매	
증외재종고모부	曾外再從姑母夫	고모할아버지		경어		조부의 외종매부	
증외삼종	曾外三從	형님, 동생	형제	평어	외8촌	조부의 외종손자	
증외삼종수	曾外三從嫂	종수씨		경어		조부의 외종손부	
증이모	曾姨母	이모할머니	조손	경어	외5촌	조부의 이모	증조항렬
증이모부	曾姨母夫	이모할아버지		경어		조부의 이모부	
증이종조부	曾姨從祖父	할아버지	조손	경어	외6촌	조부의 이종	조항렬
증이종조모	曾姨從祖母	할머니		경어		조부의 이종수	
증이종이모	曾姨從姨母	이모할머니	조손	경어	외6촌	조부의 이종매	
증이종이모부	曾姨從姨母夫	이모할아버지		경어		조부의 이종매부	

高外家係表(증조부외가, 고조모친정, 고조부처가)

본말(명칭)	한자어	호칭	관계	말	계촌	관계풀이	비고
고외오대조부	高外五代祖父	할아버지	조손	경어	외5대조	증조부의 외조부	
고외오대조모	高外五代祖母	할머니	조손	경어		증조부의 외조모	
고외종고조부	高外從高祖父	할아버지	조손	경어	외6촌	증조부의 외숙부	고외고조부와 같음
고외종고조모	高外從高祖母	할머니	조손	경어		증조부의 외숙모	
고외재종증조부	高外再從曾祖父	할아버지	조손	경어	외7촌	증조부의 외종	
고외재종증조모	高外再從曾祖母	할머니	조손	경어		증조부의 외종수	
고이모	高姨母	이모할머니	조손	경어	외6촌	증조부의 이모	고조항렬
고이모부	高姨母夫	이모할아버지	조손	경어		증조부의 이모부	
고이종조부	高姨從祖父	할아버지	조손	경어	외7촌	증조부의 이종	증조항렬
고이종조모	高姨從祖母	할머니	조손	경어		증조부의 이종수	

陳外家係圖 (조부의 처가) (조모의 친정, 부의 외가)				曾外家係圖 (증조부의 처가) (증조모의 친정, 조부의 외가)				高外家係圖 (고조부의 처가) (고조모의 친정, 증조부의 외가)		
진외고조부모 진외고조모 ④				증외고조부모 증외고조모 ④				고외오대조부모 고외오대조모 ⑤		
진외증조부모 진외증조모 ③		진외종증조부모 ⑤		증외종증조부모 증조모 ③	증외종증조부모 ⑤	증이모 ⑤	증이모부 ⑤	고고조부모 ④	고외종고조부모 ⑥	고이모 ⑥ 고이모부 ⑥
할아버지 ②	진외종조부모 ④	왕이모 ④	왕이모부 ④	조부 증조모 ②	증외재종증조부모 ⑥	증외재종고모 ⑥	증외재종고모부 ⑥	증이종조부모 ⑥	증이종이모 ⑥	증이종이모부 ⑥	증조부모 ③	고외재종증조부모 ⑦	고외재종대고모 ⑦	고외재종대고모부 ⑦	고이종조부모 ⑦	고이종이모 ⑦ 고이종이모부 ⑦
아버지 ①	진외종숙 ⑤	진외종숙모 ⑤	진외종고모 ⑤	진외종고모부 ⑤	왕이종숙 ⑤	왕이종숙모 ⑤	왕이종이모 ⑤	왕이종이모부 ⑤	어머니 ①	증외재종숙 ⑦	증외재종숙모 ⑦	조부모 ②	고외삼종조부 ⑧	고외삼종조모 ⑧
나처 ○	진외재종 ⑥	진외재종매 ⑥	진외재종매부 ⑥	왕이재종 ⑥	왕이재종수 ⑥			나처 ○	증외삼종 ⑧	증외삼종수 ⑧	아버지 ①	고외삼종숙 ⑨	고외삼종숙모 ⑨
— 어머니외가는 외외가(外外家), 즉 아버지 처 외가(父妻外家)라 하고, 할머니 외가는 증외외가(曾外外家), 즉 할아버지 처 외가라 하며, 증조할머니외가는 고외외가(高外外家), 즉 증조부 처 외가라하고, 고외가 이상은 선외가라 한다.								나처	고외삼종형제 고외삼종형제수 ⑩	

							六代祖父母 ⑥																							
							五代祖父母 ⑤																							
							高祖父母 ④																							
							曾祖父母 ③																							
							祖父母 ②																							
				父母 ①										伯伯叔叔 父母父母 ③									姑姑母母夫 ③							
나妻 ◎	弟季嫂嫂	弟(季)	弟嫂	弟	兄嫂	兄		女同生	妹夫	妹	누님	從兄嫂	從兄	從弟嫂	從弟	四寸女同生	從妹	從妹兄	姑從妹夫	姑從妹	姑從弟嫂	姑從弟	姑從兄嫂	姑從兄						
아들 며느리 ①	딸 사위 ①				조카 조카부 ③		姪 姪女壻 姪婦 ③		甥姪 甥姪女壻 甥姪婦 ③			從姪 從姪婦 ⑤		從姪 從姪女壻 ⑤		從甥姪 從甥姪女壻 ⑤		姑從姪 姑從姪婦 姑從姪女壻 ⑤												
孫子 孫婦 ②	孫女 孫壻 ②		外孫子 外孫婦 ②		外孫女 外孫壻 ②		從孫子 從孫婦 ④		從孫女 從孫壻 ④		外從孫子 外從孫婦 ④		外從孫女 外從孫壻 ④		甥(姪)孫 甥(姪)孫婦 ④		外甥孫子 外甥孫女壻 ④		再從孫子 再從孫婦 ⑥		再從孫女 再從孫壻 ⑥		外再從孫子 外再從孫婦 ⑥		外再從孫女 外再從孫壻 ⑥		從甥孫子 從甥孫婦 ⑥		從甥孫女 從甥孫壻 ⑥		姑從孫 姑從孫 ⑥
曾孫子 曾孫婦 ③	曾孫女 曾孫壻 ③		陳外曾孫子 陳外曾孫婦 ③		陳外曾孫女 陳外曾孫壻 ③		從曾孫子 從曾孫婦 ⑤		從曾孫女 從曾孫壻 ⑤		從陳外曾孫子 從陳外曾孫婦 ⑤		從陳外曾孫女 從陳外曾孫壻 ⑤						再從曾孫子 再從曾孫婦 ⑦		再從曾孫女 再從曾孫壻 ⑦		外再從曾孫子 外再從曾孫婦 ⑦		外再從曾孫女 外再從曾孫壻 ⑦						
高孫婦 ④	高孫女 高孫壻 ④		陳外高孫子 陳外高孫婦 ④		陳外高孫女 陳外高孫壻 ④		從高孫子 從高孫婦 ⑥		從高孫女 從高孫壻 ⑥		從陳外高孫子 從陳外高孫婦 ⑥		從陳外高孫女 從陳外高孫壻 ⑥						再從高孫子 再從高孫婦 ⑧		再從高孫女 再從高孫壻 ⑧		外再從高孫子 外再從高孫婦 ⑧		外再從高孫女 外再從高孫壻 ⑧						

* 하단 숫자는 촌수

저자의 동의 없이 본서(本書)의 무단이용 및 복제를 금함.

유집을 발간하면서

먼저 아버님 영전에 큰 절을 올립니다.

누구나 살기에 바빠 뜻한 바 하고 싶은 일을 다 하기가 어렵다. 아버님께서도 결국 자식들 다 키워서 건사시키고 말년이 되어서야 시간을 내시고 시력도 안 좋으시고 건강이 안 좋으신 데도 불구하고 "마고성면지"와 "나는 너를 야이라고 부른다" 라는 소중한 책을 집필 하셨다.

생전에 책으로 만들어서 즐거움을 드렸어야 했는데, 여러 어려운 사정으로 마음만 간절했지 기쁨을 안겨드리지 못한 불효를 저질고 말았다. 무리를 해서라도 출간을 했어야 했는데, 못 해드린 것이 참으로 못나고 후회스럽다.

"마고성면지"가 출간되어 나왔을 때 즐거워하시던 모습을 잊을 수가 없다. 이 책은 지금도 많은 사람들이 찾고 있다. 생각할수록 불효자식이라는 죄책감이 눈시울을 붉히게 만든다.

이제라도 정신 차려서 유집을 발간하게 되니 약간의 안도감이 들기도 한다.

지역과 향토를 끔찍이 사랑하시던 분이라 처음으로 마성면지인 "마고성면지"를 집필하시고 소중한 기록을 남기시었다.

유집인 나는 너를 "야이"라고 부른다. 라는 이 책자는 요즘 해체되어 가고 있는 가족관계에 있어 이제는 사전적인 의미를 가진 책이 되었다고 본다.

요즘 대가족이란 찾아보기가 드물고 2인 가족도 모자라 1인 가족화(혼족) 되어가는 마당에 이제는 대가족은 물론 소가족 관계가 무너지고 있다.

옛날에는 '한 마당에 8촌 난다고' 했다. 그런데 요즘은 자식을 한 사람도 낳지 않는 사회로 변했다. 여성 한 사람이 생애에 자녀 한 사람도 출산 하지 않는 세상이다.(2020년 0.89명)

이렇게 진행된다면 인구가 없어 동네가 없어지고 나라의 존재마저 위태로워지는 미래가 걱정된다.

가족이란 할아버지, 아버지, 아들 삼대가 기본이고 숙부, 고모, 이모, 사촌 형제 등이 얽혀서 일가친척으로 이루어지는데, 이제는 큰아버지, 작은아버지, 고모, 이모도 없어서 호칭도 부르지 못하는 세상이 되어가고 있다.

이때를 맞춰서 이 책을 발간하니 정말 소중한 자료가 아니겠나 하는 자부심이 든다.

어느 가정이라도 한 권 쯤은 갖추어야할 책으로 권하고 싶다. 아버님께서 이 책을 쓰신 지가 17년이 되었고, 운명하신지도 13주기가 되었다.

이 원고를 만드는데 애를 쓴 영주, 영건이 두 동생과 같이 아버님 영전에 이 책을 바친다.

2021년 1월

큰　아들　박영기
작은아들　박영주
셋째아들　박영건

麻姑城面

（麻城面）

문경 매일신문, 문경 시민신문, 주간 문경에서 발췌

고희의 나이에 지역에 대한 남다른 열정

麻姑城面 발간

고희의 나이에도 불구하고, 사비를 들여 麻姑城面이란 면소식지를 발간해 지역 사랑의 남다른 열정을 보이신 분이 계셔 눈길을 끌고 있다.

주인공은 다름이 아닌 박철순옹(75)으로 3년 전부터 지역의 잘못 알려진 역사와 2세 들에게 조상들의 삶과 지나간 발자취를 보여주고 싶어, 일제시대부터 현재에 이르기까지 마성면의 정치, 경제, 교육, 사회, 문화 등 모든것을 총괄하여 285쪽에 걸쳐 상세히 기록하였다.

현, 문경시 박영기 의원의 부친이시기도 한 박철순옹은 "자료를 찾아 많이 다녔지만, 일제시대의 내용이 빈약하다"라며, 책을 펼치시면서 이번에 발간한 책 1000부를 타향에서 고향을 그리며 사는 사람들과 자라나는 세대들의 지침서로 배부할 예정이라 밝히셨다.

麻姑城面을 발간한 박철순옹 과 박영기의원

문경 매일신문, 문경 시민신문, 주간 문경에서 발췌

각종 정보 총망라한 '마성면지' 발간

마성면 오천리 박철순 옹

문경시 마성면 오천리 박철순(75)씨 가 주민들이 잘못 알고 있거나 외부에 잘못 알려진 사실들을 바로 잡기 위해 책은 면지(面誌)를 발간했다.

마성면의 옛 이름을 본딴 285쪽 분량의 「마고성면(麻姑城面)」은 수년간에 걸쳐 각종 자료를 수집하고 각 마을을 찾아다니며 주민들로부터 들은 이야기들 정리해 펴낸 것.

이 면지는 면의 역사와 지리적 위치에서부터 행정·교육·선거·각종 단체·자연환경과 주민들의 생업, 민속 등에 이르기까지 많은 자료를 담고 있다. 또 면내 25개 마을별 유래와 현황, 살고 있는 사람들, 토속신앙, 조상들의 생활상 등을 상세히 수록했다.

박씨는 "우리 면의 역사를 올바로 기록해 후세에 전하고 싶어 바로 기록해 후세에 전하고 싶어 전국 자료를 수집해왔다"며 특히 "사실에 입각해 있는 그대로 상세하게 아내력해 노력했다"고 밝혔다.

한편 박씨는 충대 마성면 농협장을 지냈으며, 현재 마성면 노인 회장을 말고 있다.

문경 매일신문, 문경 시민신문, 주간 문경에서 발췌

나는 너를 "야이"라고 부른다

초판 발행	2021년 9월 17일
저자	박 철 순(朴 哲 淳)
엮은이	박 영 기 -.문경시의회 의원(제3대, 4대) -.민주평화통일자문회의 문경시 협의회장.(11기) -.민주당 영주,문경.예천 지역위원장 박 영 주 -.(사)작물보호제협회 대구경북 지부장 -.새재농자재상사 대표 -.(사)작물보호제협회 중앙회 부회장 박 영 건 -.중부지방 국세청 서기관 -.논산 세무서장 -.동수원 세무서장
주소	경북 문경시 마성면 문경대로 1761(오천리)
전화	010 -6515 -2077 (054)571-1117 (054)571-1117
펴낸이	김영태
펴낸곳	도서출판 한비 co
인쇄일	2021년 9월 14일
등록번호	제25100-2006-1호
주소	대구시 중구 관덕정길 13-13
전화번호	053)252-0155
팩스	053)252-0156
홈페이지	http://hanbibook.com/
메일	kyt4038@hanmail.net
ISBN	979-11-6487-062-2
값	15,000원

*이 책의 무단 복사나 복제를 금지 합니다.